Udo **Walz**, Coiffeur

Jede Frau ist schön

Aufgezeichnet von Werner Irro

QUADRIGA

Inhalt

4 DAS LEBEN IST KEINE GENERALPROBE

CAFÉ GRUNEWALD

Ich bin ein optimistischer Mensch

Auf Schloss Königsbrunn herrscht Aufregung. Lange sah es gar nicht gut aus für Nathalie und Ansgar, den Grafen, doch schließlich hat das Herz gesiegt. Die Traumhochzeit wird stattfinden. Und jetzt das: Der Stylist der Braut entpuppt sich als unfähig, ein absoluter Versager. Nachdem die Schwebehaube des Haartrockners abgenommen ist, wird die Katastrophe deutlich. Ihre Haare sehen aus wie Sauerkraut, es ist zum Davonlaufen. Pure Verzweiflung steht ihr in den Augen, die Braut ist mit den Nerven am Ende. Sie weigert sich, so vor den Traualtar zu treten.

Auftritt des Grafen. Fieberhaft arbeitet es in ihm, als er von der unglückseligen Wendung der Dinge erfährt. Ansgar Eduard Johannes von Lahnstein ist ein Mann der Tat. Sofort muss jemand her, um das hässliche Entlein in einen stolzen Schwan zu verwandeln. Nicht irgendjemand, sondern am besten zwei Männer, unter deren Händen die Frauen aufblühen. Also der Friseur Udo Walz und der Stylist René Koch. Sie werden die Situation retten.

Schon sitzen Udo und René im Hubschrauber von Berlin nach Düsseldorf. Beide wissen noch nicht, was auf sie zukommt, aber eine hübsche Frau schön herrichten, das können sie. Und so eilen sie, kaum gelandet, zum Ort der Katastrophe. Oh, oh, das sieht wirklich nicht gut aus. Eher als wäre Orkan Lothar noch einmal zurückgekehrt und hätte eine Spur der Verwüstung auf dem Kopf hinterlassen. Die Haare stehen wild in alle Richtungen ab, sie sind rau und glanzlos, dort, wo eine Welle lieblich das Gesicht hätte umspielen sollen, kleben strähnige Büschel. Oh, oh.

Nathalies ganzes Bangen und Hoffen liegt in dem nun folgenden Satz. Kaum hörbar flüstert sie: »Können Sie da noch was retten?«

Im November 2006 waren wir gefragt worden, ob wir bei der Vorabend-Soap »Verbotene Liebe« im ersten Programm der ARD mitmachen würden – ein Gastauftritt als Udo Walz und René Koch. Für so einen Spaß bin ich immer zu haben, wir sagten zu. In Folge 2.883 würden also zur Überraschung der Zuschauer zwei Personen als Schauspieler auftauchen, die sie von ganz woandersher kannten.

Als wir tatsächlich im Flieger nach Köln saßen und zum ersten Mal aus dem Drehbuch erfuhren, was auf uns zukommen würde, erklärte mir René, dass unser Auftritt so etwas wie die Auflösung eines Cliffhangers sein würde. Der dramatische Moment, wo alles Spitz auf Knopf steht – Wird die Frisur zu retten sein? Wird die Hochzeit stattfinden können? –, würde eine emotionale Spannung bei den Fernsehzuschauerinnen aufbauen, die sich erst nach quälend langer Wartezeit auflösen würde. Meine Aufgabe bestand darin, skeptisch dreinzuschauen und mit sorgenvoller Miene zu sagen: »Ich weiß nicht, ob da noch was zu retten ist.«

Entspannt lehnte ich mich zurück. Na, da hatte ich schon ganz anderes gemeistert. Dafür würde ich nicht allzu viel schauspielerisches Talent benötigen.

Mit Haaren kenne ich mich nun wirklich aus. Aus einer verhunzten Frisur kann man immer noch was machen, das ist ja das Schöne am Beruf des Friseurs: Ein gutes Auge, Schnitttechnik, ordentliches Werkzeug und natürlich Talent, mehr braucht es nicht. Wir sind keine Zauberer, oder doch, aber anders, als die meisten denken.

Für Verzweiflungsszenarien bin ich ungeeignet. Ich glaube an das Gelingen. Ich habe Zutrauen in meine Fähigkeiten.

René Koch pudert,
ich schneide.

Also, Kopf hoch, Nathalie, auch wenn ich gleich zu dir sagen werde: »Das sieht richtig, richtig schlimm aus ...«

Vor meinem Satz musste die Schauspielerin jedes Mal entsetzt einen kleinen Spiegel zu Boden fallen lassen, ein netter dramaturgischer Effekt.

Wir drehten.

Nathalie entdeckt, wie verhunzt ihre Frisur ist. Kurz darauf flüstert sie: »Können Sie da noch was retten?«

Ich antworte: »Kein Problem, das krieg ich hin.«

»Nein«, geht der Regisseur dazwischen. »Udo, du hast deinen Text nicht gelernt. Du sagst: ›Ich weiß nicht, ob da noch was zu retten ist.‹ Wir machen das gleich noch mal. Bitte Ruhe − und *Action*.«

Nathalie flüstert: »Können Sie da noch was retten?«

Ich: »Keine Sorge, das schaffen wir schon.«

Wir kamen beide Mitte der Sechzigerjahre nach Berlin.
Als Stylist und Visagist schminkte René Koch bald viele
Berühmtheiten, ich kümmerte mich um die Haare.
Nicht nur Hildegard Knef wusste das zu schätzen.

»Stopp!«, schreit der Regisseur und rauft sich seine eigenen Haare. »Udo, wie oft soll ich es dir noch sagen, du musst ratlos schauen, skeptisch, voller Zweifel. Du musst glaubhaft rüberbringen, dass du nicht weißt, ob da noch was zu retten ist.«

Mehrere Male habe ich die Szene geschmissen, inzwischen war die Frau von der Requisite verzweifelter als die Braut. Ihr gingen die Spiegel aus. Ein ums andere Mal hatte Jenny Winkler alias Nathalie Käppler einen Spiegel zu Boden geschleudert – und wieder und wieder hatte ich es vermasselt.

Wir waren beim letzten Take angekommen, es gab nur noch einen Spiegel. Jetzt galt es. Entschlossen übernahm René diesmal, und bevor ich wieder Optimismus verbreiten konnte, drängelte er sich vor: »Ich weiß nicht, ob wir das schaffen.«

Klappe, Schnitt, aus. Die Szene war endlich im Kasten.

Bei Dreharbeiten mit Iris Berben. Ich übernehme gern kleine Gastrollen im Fernsehen.

René und ich haben nach dem Dreh oft über diese Szene gelacht. Offenbar bin ich für Verzweiflungsszenarien ungeeignet. Für den Satz, den mir das Drehbuch in den Mund legte, hätte ich das allergrößte schauspielerische Können aufbringen und ganz und gar gegen mein Naturell agieren müssen.

Ich glaube an das Gelingen. Ich bin ein optimistischer Mensch. Ich habe Zutrauen in meine Fähigkeiten.

Optimismus ist etwas, was man sich nicht aussucht. Dieses Gefühl von Sicherheit wird uns in der Kindheit vermittelt. Ich bin meiner Mutter sehr dankbar für dieses Geschenk. Ich bin damit weit gekommen in meinem Leben. Dass es sich dabei um keine Selbstverständ-

lichkeit handelt, habe ich erst gemerkt, als ich mit Menschen zusammentraf, bei denen es anders war.

Jetzt, da ich siebzig geworden bin, kann ich einige Eigenschaften bei mir erkennen, die mir geholfen haben, so zu leben, wie ich es nun schon lange tue. Und die mir geholfen haben, so viel erleben zu dürfen, wie ich erlebt habe. Doch erklärt das etwas? Eher nicht.

So viel in meinem Leben ist zwar nicht zufällig, aber doch ohne großen Plan geschehen, es hat sich einfach ergeben. Der eine Schritt hat den nächsten ausgelöst, die eine Begegnung hat zu weiteren Begegnungen geführt, die Bekanntschaft mit Menschen hat mir Türen geöffnet, von denen ich gar nicht gewusst hatte, dass sie existieren, aber als ich sie gesehen habe, bin ich gern hindurchgegangen. Ich bin sehr neugierig, das ist eine andere Eigenschaft von mir, und so ging es Schritt für Schritt immer weiter.

Manchmal staune ich einen ganz kurzen Moment über mein Leben. Aber wirklich nur ganz kurz, weil dann das Telefon klingelt und eine Freundin, ein Freund anruft und wir uns für den Abend verabreden.

Ich gehe leidenschaftlich gern aus, noch so etwas, worüber ich nie nachdenke. Leben ist mir lieber, als über das Leben nachzudenken, ich meine: über mein Leben nachzudenken.

Aber machen wir uns nichts vor: Mit siebzig stehst du nicht am Anfang, du hast etwas aus deinen Möglichkeiten gemacht, hast eine gute Wegstrecke zurückgelegt. Und wenn ich sage, dass ich über mein Leben nicht oft nachdenke, dann stimmt das. Aber wunderlich genug ist es schon, dieses Leben, das ich führe.

Nadja Tiller, fotografiert von F. C. Gundlach.

Mich interessiert, was morgen kommt

In den letzten Jahren bin ich oft eingeladen worden zu Gastauftritten bei den verschiedensten TV-Serien, in Berlin habe ich meine eigene Talkshow im Fernsehen. Einmal im Monat lade ich Menschen, die etwas zu erzählen haben, ein und unterhalte mich mit ihnen. Ich glaube, mir ist dieses Format deshalb so angenehm, weil es – neben meinem Hang, gern mit Freunden zusammenzusitzen und den ganzen Abend lang zu quatschen – mich mit den unterschiedlichsten Menschen zusammenbringt. Klaus Wowereit war schon da, Patricia Riekel und viele, die sich für eine Sache engagieren.

Kürzlich war Sophia Thomalla mein Gast, reizende dreiundzwanzig Jahre jung. Sie verkörpert für mich Lebenslust und Energie, von ihrer Schönheit spreche ich jetzt ausnahmsweise mal nicht, und wir haben uns über die Wirkung von Menschen auf andere unterhalten. Über die Kritik, die oft so schnell über jemanden in der Öffentlichkeit hereinbricht. Vermutlich, überlegten wir, wird in Deutschland mehr gemeckert als anderswo, dabei geht es uns besser als allen anderen. Vielleicht meckern wir so viel, gerade weil es uns so gut geht, weil alles funktioniert. Die Läden sind voll, die Müllabfuhr kommt, die Busse fahren pünktlich, und die meisten Leute haben Arbeit.

Wir sind eines der reichsten Länder der Erde, warum vergessen wir das? Wir nehmen das als gegeben hin, als sei es selbstverständlich, und dann folgt die ellenlange Latte von Einwänden und Nörgeleien. Dabei ist es gar nicht selbstverständlich.

Chic, elegant, sexy. Die Frisur für Sophia Thomalla zeigt, wohin die Reise geht: hoch hinaus.

Mir fällt die unvergleichliche Romy Schneider ein, eine selbstbewusste, starke Frau mit einer ungeheuren Emotionalität, was die Männer nicht so gut aushielten. Einmal fragte ich sie bei irgendeiner Gelegenheit: »Was sagen denn die Leute dazu?« Ihre Antwort habe ich nie vergessen: »Welche Leute?«

Das war die Romy, wie ich sie liebte. Direkt, sie gab sich ganz unverstellt. Diese Haltung war ihre Entscheidung. Sie dachte nicht in Benimm-Regeln, so wollte sie nicht denken. Das sollte nicht ihre Welt sein, beschloss sie für sich. Was für eine Freiheit daraus entsteht, ich bewundere das.

Ganz so einfach war es auch für sie natürlich nicht. Als die Gerüchte und das Getratsche über sie zu groß wurden, floh sie nach Frankreich. Aber sie hatte recht, ich hab es mir immer wieder vorgesagt: Kümmere dich nicht um die Leute. Scher dich nicht um das, was sie sagen. Steh ein für das, was du tust.

So halte ich es bis heute. In meinen Talks mit Menschen, die etwas zu sagen haben, weil sie Wichtiges leisten. Bei meinen Begegnungen

Eine Frau, die zu ihrer Leidenschaftlichkeit stand: Romy Schneider.

jeden Tag, im Beruf und auch sonst. In meinem Salon, bei Freunden, sonntags auf dem Flohmarkt, bei den kleinen Gastauftritten, zu denen ich mal hier, mal dort eingeladen werde. Bei meinen sozialen Engagements.

Durch diese Begegnungen bin ich nah dran an dem, was den stinknormalen Alltag, die kleinen und großen Dramen unseres kleinen, großen Lebens ausmacht.

Seit einiger Zeit besucht mich früh am Morgen eine Blaumeise. Ich schlürfe meinen Kaffee und schaue zu ihr in den Garten hinaus. Mir fällt auf, wie selten ich hier saß und einfach in die Natur guckte. Ich nehme mir vor, das bewusster wahrzunehmen. Mich daran zu freuen.

Ich bin ein unruhiger Mensch. Mein Blick richtet sich nach vorn. Wenn sich andere in Erinnerungen ergehen, fliehe ich.

»Weißt du noch ...« Das war gestern. Gestern ist vorbei. Mich interessiert das Morgen. Ich habe noch Pläne. Ich will noch was.

Wir haben viel gelacht

Kürzlich saß ich im Café Grunewald in der Sonne. Es war einer der ersten richtig schönen Frühlingstage. Ich bestellte mein Lieblingseis, Himbeere und Rum-Traube. Sie kennen mich hier und wissen, dass ich nur kleine Kugeln essen darf, wenn überhaupt. Manchmal muss man alle Ratschläge ignorieren. Zwei Kugeln Eis, ein, zwei Freunde, und schon lacht die Sonne, da kann der Himmel meinetwegen auch grau sein. Ich kann gut genießen in solchen Momenten.

Heute war richtig schönes Wetter, und das hatte auch viele andere rausgelockt. Vor uns, natürlich am ersten Tisch in der ersten Reihe, saß Rolf Eden, wie immer mit seiner tropfenförmigen Brille, und las Zeitung. Mann von Welt durch und durch. Weißer Anzug mit mokkabraunen Nadelstreifen, ein weißes Hemd mit diagonalen orangefarbenen Linien, darüber trug er einen offenen, ganz hellen Mantel aus feinem Stoff, knielang. Elegante weiße Schuhe. Ein Bild aus einer anderen Zeit, aber hier im Grunewald war es in diesem Moment ganz selbstverständlich, dass diese Zeit noch da ist. Es ist ja auch meine Zeit, es sind die frühen Sechziger, ein paar ewig lange Jahre noch vor dem, was vor allem als Studentenbewegung erinnert wird.

Ich habe andere Erinnerungen. Ich sehe Kneipen, Bars, unaufgeräumte Wohnungen vor mir. Und Arbeit. Haare schneiden, waschen, frisieren, den ganzen Tag. Wir, meine Kollegen, die Menschen um mich herum, waren überhaupt keine Bewegung, wir hatten kein Geld, wir lebten von der Hand in den Mund. Tagsüber arbeiteten wir, und

Für Modeproduktionen flogen wir oft um
die halbe Welt. Da musste auch Zeit sein
für ein bisschen Spaß.

Modenschau von Yves Saint Laurent, Anfang der Siebzigerjahre, zusammen mit René Koch. Heute Paris, morgen Berlin, übermorgen New York. Die Welt war für mich voller schöner Frauen, exquisiter Laufstege und Ästhetik in allen Formen und Farben.

oft genug auch abends. Nachts feierten wir. Zogen von einer Kneipe in die nächste, von einer Diskothek in eine andere.

Es hing ganz viel Aufbruch in der Luft, vielleicht war es die Energie, die jeder mit zwanzig spürt. Alles scheint einem offenzustehen, und gleichzeitig hetzt du dich ab, um morgens pünktlich hinter dem Friseurtisch zu stehen. Von heute aus gesehen begann damals etwas Neues, für das es noch keine Form gab. Das Leben bot einem Möglichkeiten. Dabei war Berlin das Gegenteil von etwas Offenem. Es war nur eine ziemlich hässliche Stadt mit einer Mauer drumrum.

Heute denke ich, vielleicht war deshalb alles so intensiv, weil wir auf einem Dampfkochtopf saßen. Die Suppe köchelte leise vor sich hin, und alle belauerten sich, dass ja keiner den Schalter hochdrehte. Man lebte permanent in einem Zustand, als könnte gleich wieder alles vorbei sein. Dabei standen alle Zeichen auf Beginn.

Ich war einundzwanzig, als ich nach Berlin kam. Was für mich damals losging, das macht mich manchmal sprachlos. Heute. Ich kam, um Haare zu schneiden. Ich hatte Erfolg, bald gab es lange Wartelisten von Frauen, die sich von mir die Haare machen lassen wollten. Es kamen immer mehr Frauen dazu, für die die Frisur Teil ihres Berufs war, Models, Schauspielerinnen. Dann gab es Menschen, die darüber schrieben, was ich machte. Ich hatte immer mehr Aufträge, daraus ergaben sich wieder andere Geschichten, und flugs waren ein paar Jahre und bald sogar ein paar Jahrzehnte vorbei.

Nehmen wir uns nicht viel zu ernst? Ich habe immer versucht loszulassen, mich überraschen zu lassen.

Ich hatte immer gearbeitet, immer, immer, fast jeden Tag und oft genug von früh bis spät, und eines Morgens wachte ich auf, und aus dem Jungen aus Waiblingen war so etwas wie eine Berühmtheit geworden. Das Arbeiten war mir nie wie ein Job, ein Beruf vorgekommen, für den man eine bestimmte Anzahl von Stunden investiert. Das Wort Berufung trifft es eher, wenn man das Pathos im Unterton streicht. Es war ganz einfach gewesen: Mein Beruf war mein Leben, ich war nie auf die Idee gekommen, das eine vom anderen zu trennen. Bis heute tue ich das nicht.

Ich war viele Male um die Welt geflogen, hatte auf allen Kontinenten gearbeitet, hatte einige der berühmtesten Schauspielerinnen und Fotografen bei der Arbeit erlebt. Ich war selbst eine Adresse, eine Institution. Und das sollte noch nicht alles sein.

Die Mauer fiel, und Berlin erfand sich neu. Jetzt war ich Mitte vierzig, und auch ich wurde noch einmal jemand Neues. So muss es von außen aussehen. Es kamen Politiker zu mir, Journalisten, wichtige, die wichtigsten, auf den buntesten Galas war ich dabei, und wieder sah ich am nächsten Morgen Frauenköpfe vor mir im Spiegel, unbekannte ebenso wie bekannte. Ich stand hinter ihnen und hob links das Haar etwas an, während ich mit der rechten Hand andeutete, was ich vor meinem geistigen Auge sah. Ich, der Friseur, war plötzlich selbst ein Star.

Ich höre es nicht gern, wenn das jemand über mich sagt, überhaupt nicht, aber so war es. Die vielen Menschen, die mich auf der Straße ansprechen und ein Foto mit mir zusammen machen wollen oder Kaffee trinken oder sonst was, sie sehen mich so. Auch wenn mir das mit dem Star nicht gefällt, es freut mich, dass sich Menschen über mich freuen. Ich bin so: Ich freue mich dann wirklich gern zusammen mit ihnen.

Ich glaube, wir nehmen uns alle viel zu ernst. Wir kleben an dem, was wir haben, und laufen etwas hinterher, wovon wir meinen, es sei wichtig. Ich habe immer versucht loszulassen. Mich treiben zu lassen. Mich überraschen zu lassen. Am liebsten laufe ich ohne alles in den Händen durch die Straßen. Bin neugierig auf das, was mir begegnet.

Und doch ist das alles seltsam. Ich sehe ja, wie sich die Welt verändert hat, in der wir leben. Wie viele Friseure es gibt, die exzellent arbeiten, wie viele Models, die perfekte Arbeit liefern, wie viele Prominente. Wie uns der Starkult über den Kopf wächst. Es hat sich etwas verändert. Es ist schon lange nicht mehr so, wie es damals war, als für mich alles anfing.

Das interessiert mich jetzt schon.

Da sitzt Rolf Eden im Café Grunewald, neben ihm ein Journalist, der ein Leben lang über Autos und Rennfahrer geschrieben hat, in den Siebzigern, Achtzigern. Schnee von gestern. Klaus Hoffmann kommt vorbei, unser Berlin-Barde, auch ein Freund. Am Tisch daneben, das ist Andrea, wir müssen beide zweimal hinschauen, wir haben uns lange nicht gesehen. Damals in den Siebzigern, als ich jede Woche mindestens einmal nach Hamburg geflogen bin, begegneten wir uns häufig, eigentlich dauernd. Andrea war Stewardess. Mein Arbeitsweg war ihre Arbeitszeit, morgens mit dem Flieger von Berlin nach Hamburg, abends zurück. Die Maschine der Pan Am brauchte fünfundzwanzig Minuten, gleich nach dem Start hieß es: Bereit machen zur Landung.

Wir haben viel gelacht.

Ein brausendes Leben. So schaut es aus.

War es das?

Wie kam es dazu?

Ich wundere mich selbst ein bisschen.

1 HOCH HINAUS
Am richtigen Ort

Es war Sommer, als ich 1965 das erste Mal nach Berlin kam. Am Morgen war ich in Stuttgart in den Zug gestiegen und den ganzen Tag gefahren. Endlich! Ich war neugierig, aufgeregt und glücklich. Ich wusste überhaupt nicht, was mich erwartet, wie auch, weder Waiblingen noch Stuttgart und nicht einmal St. Moritz hatten mir eine Ahnung vermitteln können, wie es sein würde in Berlin.

Berlin war damals die einzige wirkliche Großstadt in Deutschland, in Westdeutschland, wie man zu der Zeit sagte. Paris, London, das war in seiner völligen Fremdheit leichter vorzustellen, auch Rom stand als Treffpunkt berühmter Menschen immer öfter in der Zeitung, und selbst wenn man im Geschichtsunterricht geschlafen hatte wie ich, spukten einem dazu doch Bilder im Kopf herum. Dann war da das sagenhafte New York, modern, unfassbar groß, eine Weltstadt, die bloße Vorstellung schüchterte ein, und schon war Schluss mit den Metropolen, die einen jungen Menschen magisch anzogen. Die Welt war überschaubar, aus deutscher Sicht jedenfalls. Erst recht für einen unbedarften Einundzwanzigjährigen, der eines ganz sicher wusste: dass er nie zur Bundeswehr gehen würde. Also Berlin.

Berlin bedeutete für mich einen Riesenschritt ins Unbekannte, aber vor der Stadt hatte ich nicht allzu viel Respekt. Berlin war nur eine halbe Sache, klein, eine Insel. Das machte es in meiner Vorstellung fast schon wieder heimelig.

Ich hatte keinen blassen Schimmer, worauf ich mich einließ.

Einen ersten Vorgeschmack bot die Grenze zu Ostdeutschland. Ich glaube, jeder hatte hier ein klammes Gefühl, wenn nicht sogar Angst. Immer, bei jedem Grenzübertritt neu. Einmal beim Reinfahren in die DDR und genauso beim Hinausfahren, da fast noch mehr, weil die freie Luft schon wieder buchstäblich zu spüren war, und doch konnte noch ganz viel schiefgehen auf diesen letzten Metern.

Bei mir haben diese Erfahrungen mit Volkspolizisten, Zöllnern, Wachhunden und Sperranlagen tiefe Spuren hinterlassen. Blasse laute Männer, graue Baracken, ganz graue Stimmung. Später bin ich lieber mit dem Flugzeug gereist, in die Stadt hinein, aus der Stadt raus.

Ankunft am Bahnhof Zoologischer Garten, dem zentralen Westberliner Bahnhof damals. Meine zukünftige Chefin hatte mir ein Zimmer besorgt, ganz in der Nähe ihres Salons in der Nürnberger Straße, wo ich arbeiten würde. Berlin-Charlottenburg – das war eine fremde Welt mit manchmal seltsamen Bräuchen, wie ich bald merkte. Mich verwirrte das Treiben auf dem Bahnhof und dem Vorplatz. Menschen über Menschen, unglaublich breite Straßen und Häuser, mindestens fünf Stockwerke hoch, eins neben dem anderen – es nahm gar kein Ende. Auch hier war vieles grau, große Grundstücke standen leer und sahen aus, als sei der Krieg noch nicht lange vorbei. Abweisende Fassaden. Vielleicht war ich auch nur erschöpft nach einem besonders langen Tag. Jedenfalls, meine Ankunft in meinem neuen Zuhause war bescheiden.

Und so ging es weiter. Die Unterkunft hätte passabel sein können, nur der Schneidermeister, bei dem ich für fünfzehn Mark zur Untermiete wohnte, verhielt sich merkwürdig. Er interessierte sich viel zu sehr für mich. Neugier war ich von den Schwaben ja gewohnt, aber das hier war eine andere Nummer: Ich wohnte mit jemandem unter einem Dach, der sich zunehmend einmischte in mein Leben. Immer öfter rief er am späten Nachmittag im Salon an und fragte, wann ich nach Hause kommen würde. Er wollte für mich kochen und mit mir zusammen essen.

Das Zusammenleben wurde ein Spießrutenlauf. In solchen Zweckgemeinschaften kommt es zu Psychospielchen, die man als Außenstehender nicht für möglich hält. Als die Nachstellungen und die aufdringliche Fürsorge immer intensiver wurden, zog ich aus.

Wo ich landete, war es anders, aber nicht wirklich besser. Wir hatten uns zu viert, lauter Friseure, zusammengetan und die Wohnung einer älteren Dame bezogen. Ich hatte dummerweise das Durchgangszimmer erwischt und bekam alles mit, was sich in der Wohnung abspielte. Ein Mitbewohner, der nur mal schnell in die Küche wollte, ein anderer, der spät nach Hause kam oder ins Bad ging, was auch geschah, alle Wege kreuzten sich in meinem Zimmer. Verkehrsknotenpunkt Charlottenburg, und mein Bett stand mittendrin.

Ich bin in den folgenden Jahren bestimmt zwei Dutzend Mal umgezogen. Wenn ich etwas Besseres gefunden zu haben glaubte, packte ich meine Sachen. Wirklich gut war es nie. Alle Zimmer und Wohnungen lagen im Umkreis von fünf, sechs Straßen im Dreieck Charlottenburg, Wilmersdorf, Schöneberg, das damalige Zentrum Westberlins. Im Grunde habe ich das Viertel bis heute nicht verlassen. Seit fünfzig Jahren lebe und arbeite ich hier.

Der Salon von Ina Sailer war in den Sechzigerjahren das Maß aller Dinge in Berlin. Für mich war es ein Geschenk, hier arbeiten zu dürfen. Ina Sailer war für mich die beste Friseurin in ganz Deutschland. Sie war Ende vierzig und auf dem Höhepunkt ihres Könnens. Ich stand oft hinter ihr und sah ihr zu, wie sie schnitt und frisierte. Sie machte das mit Stil, mit Charme. Von ihr hab ich unglaublich viel gelernt.

Wer in seinem Leben bei mehr als nur einem Friseur war, weiß, kein Salon gleicht dem andern. Als Kunde spürt man sofort, wie die Atmosphäre ist. In jedem Laden herrscht ein eigener Umgangston. Vor meiner Berliner Zeit hatte ich verschiedene Arten, sich Kunden zu präsentieren, kennengelernt. Ina Sailer machte alles richtig, fand ich. Sie war nicht aufdringlich, aber bestimmt. Es gelang ihr, die Kunden nicht mit einem brummenden Laden zu irritieren. Sie vermittelte ihnen Ruhe, Aufmerksamkeit, Zuwendung. Bei ihr war ich gern Teil des Ganzen.

Wir waren fünfunddreißig Angestellte. Damals mussten wir alle weiße Kleidung tragen, weißes Hemd, weiße Hose. Ich habe das Prinzip übernommen. In meinen Salons haben alle schwarz gekleidet zu sein. Immer wieder mal trägt jemand etwas Graues, und jedes Mal überlege ich mir, ob ich etwas sage. Ina Sailer war resolut. Wer zu spät kam, bekam eine Rüge, und ohne weißes Hemd wären wir sofort wieder nach Hause geschickt worden.

Zur Not kaufte ich mir auf dem Weg zur Arbeit noch schnell für neun Mark ein weißes Hemd bei Butter Hoffmann in der Nürnberger Straße. Nyltest war gerade der große Renner, unter kräftiger Mithilfe der chemischen Industrie für den modernen Menschen erfunden. Bügelfrei hieß das Zauberwort. Nichts knitterte mehr nach dem Waschen. Manchmal war auf den Hemden vorne eine kleine schwarze Rose aufgestickt. Äußerst elegant!

Nach einiger Zeit hatte ich achtzig Hemden bei mir herumliegen, die ganze Badewanne war voll. Es musste etwas geschehen. Als mich eine Freundin eines Abends abholte, um mit mir auszugehen, sah ich meine Chance gekommen. Ich fragte harmlos, ob sie mir, im Gegenzug für ein paar Drinks, einen kleinen Gefallen täte. Sie fiel fast in Ohnmacht, als sie den Berg Wäsche sah. Ich fürchtete schon, sie würde an mir vorbei aus der Wohnung stürmen und mich niemals wieder eines Blickes würdigen. Aber ich hatte Glück, sie trug es mit Fassung. Es war ja Nyltest, da ging das Waschen schnell. Für viele Wochen hatte ich wieder ausgesorgt.

Ich kam oft morgens zu spät zur Arbeit, drei, vier Minuten vielleicht. Die Nächte waren lang und der Schlaf viel zu kurz, es war je-

Die gefeierte Gloria war in den Sechzigerjahren eines der absoluten Topmodels.

den Morgen die gleiche Hatz. Ich hatte es nicht weit zum Salon, das änderte aber nichts an meiner Unpünktlichkeit.

Ich war jeden Abend unterwegs. So merkwürdig mein Start gewesen war, so sehr genoss ich schon bald das Leben hier. Es war eine großartige Zeit. Geld hatten wir keins, aber jede Menge gute Laune. Wir saßen die halbe Nacht im Kant-Casino oder im Zwiebelfisch am Savignyplatz, aßen wenig, tranken dafür umso mehr, wie es der schmale Geldbeutel eben zuließ. Jeder lieh dem anderen Geld, weil wir alle keins hatten. Freitags bekamen wir in einem zugeklebten Briefumschlag unseren Wochenlohn von fünfundsiebzig Mark. Vor der Tür verteilten wir das Geld umgehend an diejenigen, bei denen wir Schulden hatten. Im Handumdrehen waren wir alle wieder so gut wie blank. Mit den paar Mark, die blieben, gingen wir endlich einmal richtig essen, Zigeunerschnitzel mit Kroketten, solche Leckereien. Unsere Zimmermiete und alles andere bezahlten wir vom Trinkgeld.

Berlin tat mir gut, von Anfang an. Als ich selbstsicherer wurde, merkte ich, wie wichtig mir Freundschaften sind. In bin gern in vertrauten Runden.

Diese drei, vier Jahre vergingen in einem einzigen Rutsch. Bei der Arbeit fühlte ich mich bestens, ich kam an bei den Kundinnen und lernte, lernte, lernte. Der Rest war ausgelassenes Leben.

Ohne es zu merken, veränderte ich mich. War ich während meiner Lehrzeit und dem anschließenden Jahr in St. Moritz einfach nur schüchtern gewesen, lebte ich jetzt auf. Diese graue, unattraktive, gesichtslose Stadt, unter deren Dächern es ganz entspannt zuging, wo alle ungestört machten, wozu sie Lust hatten, war ein fabelhafter Ort für mich. Ich tauchte in eine neue Welt ein.

War ich früher öfter allein gewesen, war ich jetzt eigentlich immer mit Menschen zusammen, mit Freunden und Freundinnen, Kolleginnen und Kollegen, Kneipenbekanntschaften und allen möglichen anderen jungen Leuten, die wie ich aus langweiligen Dörfern und Orten irgendwo in der Bundesrepublik hierhergekommen waren. Ich dachte nicht daran, mir Gedanken über mein Verhalten zu machen. Ich kam gar nicht dazu. Es ging mir gut, ich hatte Freunde, ich war akzeptiert, ich war dabei.

Vergegenwärtige ich mir heute diese ersten Berliner Jahre, bin ich verblüfft, wie viele Menschen ich damals kennenlernte, die für mein zukünftiges Leben wichtig wurden oder für lange Zeit einfach nur gute Freunde waren. Einem von ihnen begegnete ich im Kant-Casino. Hinter dem Bartresen bediente ein blonder Mann in meinem Alter, ein lustiger Typ. Wir kamen schnell ins Gespräch. Mit René Koch bin ich noch heute befreundet. Er sollte bald als Visagist bei Charles of the Ritz und Yves Saint Laurent eine Weltkarriere starten – und mich vierzig Jahre später bei »Verbotene Liebe« retten ...

Heute weiß ich: Ich habe eine Begabung, Freundschaften zu knüpfen. Ich bin gern in vertrauten Runden. Jeder zeigt etwas von sich, jeder macht ein bisschen Theater, jeder öffnet sich. Was gibt es Schöneres? Ich spielte mit. Zum ersten Mal hatte ich mir so etwas wie ein Zuhause geschaffen.

Das Telefon klingelt

Eines Tages wurde Ina Sailer krank. Sie war für eine Fotoproduktion mit einem Model gebucht, und um den Termin nicht absagen zu müssen, schickte sie mich als Vertretung. Ich war aufgeregt. Das Mädchen war ein absolutes Topmodel. Eine Frau mit Beinen, die gar nicht mehr aufhörten. Rico Puhlmann, der Fotograf, war nicht weniger angesagt. Er war schon ein ganz Großer oder gerade auf dem Sprung dahin.

Bei meiner ersten Arbeitsstelle in Stuttgart hatten viele Modezeitschriften herumgelegen, jede der Frauen darin schöner als die andere. Oft hatte ich heimlich die Cover betrachtet. Ein anderes Universum. Ich schnitt in Stuttgart Haare, das war ein Anfang, immerhin, aber die Zeitschriften vermittelten mir, dass es noch eine ganz andere Welt gab.

Beim Anblick dieser Schönheiten juckte es mir regelmäßig in den Fingern. Ich wollte ein Teil dieser Perfektion sein. Ich wollte schöne Frauen noch schöner machen und ihnen durch meine Hände eine für alle sichtbare Kontur geben. Das war es, weshalb ich frisierte.

Ein Gesicht war mir besonders aufgefallen. Ebenmäßig, ein Blick, der unter die Haut ging, tolle Haare. Ob ich so ein Mädchen jemals frisieren würde? Ich war überwältigt von so viel Eleganz.

Dieses Mädchen saß nun vor mir. Es handelte sich um die gefeierte Gloria Friedrich. Meine Hände zitterten, als ich zu arbeiten anfing. Kurz darauf hatte ich meine Sicherheit wiedergefunden. Oft bin ich in den ersten Minuten mit berühmten Menschen nervös, aber das legt sich schnell. Damals wusste ich damit noch nicht umzugehen, umso aufgeregter war ich.

Der Frisierstuhl stand am Rand des Ateliers. Ich war einer der Zuträger für den großen Moment, in dem die Scheinwerfer angeschaltet wurden und die Modeaufnahmen begannen. Das Mädchen vor mir würde gleich ins Rampenlicht treten, ganz allein würde es auf der Bühne stehen, vor das Publikum treten und einen langen Monolog halten müssen. Tausend Augen waren auf sie gerichtet. Jeder Zentimeter ihres Körpers würde hell ausgeleuchtet sein. Niemand würde ihr helfen.

Was für eine starke Frau, ging es mir durch den Kopf. Gib ihr Sicherheit. Gib ihr Selbstvertrauen. Lass sie sich glücklich fühlen, wenn sie in den Spiegel schaut, bevor sie da rausmuss.

Ich arbeitete konzentriert vor mich hin.

Nach dem Shooting wollte Rico Puhlmann immer mit mir arbeiten, wenn ein Friseur gebraucht wurde.

Ich hatte einen neuen Schritt gemacht. Einen großen.

Aufgrund der Fotos wurde in Hamburg die Redaktion der Brigitte auf mich aufmerksam. Bald sollte ich regelmäßig für diese Zeitschrift arbeiten. Aber der Reihe nach.

Am Anfang konnte ich die Bedeutung solcher Sonderaufträge gar nicht richtig einschätzen. Frisieren war für mich Frisieren, ein Model war nichts anderes als eine Kundin. Das ganze Drumherum, die Fotostudios mit den Mitarbeitern, die Kamera, das Licht, das Schminken, das alles machte mich zwar ein bisschen nervös. Aber ich machte einfach meine Arbeit. Erst später merkte ich, wie aufmerksam von Zeitungsmenschen wahrgenommen wurde, was hier geschah, und wie mein Name bald zu einem Namen wurde, den die Redakteure, Fotografen, Modehäuser kannten und schätzten.

Hatte am Anfang neben den von mir frisierten Models noch »Haare:

Ina Sailer« gestanden, war an der Stelle jetzt ein anderer Name zu lesen. Udo Walz stand da. Ich schlug das Impressum immer wieder auf. Ja, da stand mein Name. Ja, ich war schon ein bisschen stolz darauf.

Nicht viel später wurde ich von Ina Sailer entlassen. Sie teilte mir das ganz direkt mit, ohne Verlegenheit. Auch an diesem Morgen war ich wieder ein paar Minuten zu spät zur Arbeit erschienen. Entlässt man jemanden wegen ein paar Minuten? Na ja, vermutlich waren aus diesen Minuten über die Jahre hinweg viele Tage, vielleicht Wochen geworden. Das wollte sie nicht akzeptieren, gleichzeitig wollte sie mich auch aufrütteln. Sie sah, wie ich immer erfolgreicher wurde, aber damit nichts anzufangen wusste.

Sie hatte mir gekündigt, aber eigentlich hatte sie sich wie eine Freundin verhalten.

Ich war längst flügge geworden. Bei ihr konnte ich nichts mehr lernen.

Ich reagierte so, wie ich es immer getan habe: Ich arbeitete einfach weiter. Ich ging zum nächsten Salon, der mir zusagte, und frisierte weiter. Was wie ein dramatisches Ereignis klingt, hatte keine große Auswirkung auf mich. Eigentlich war gar nichts geschehen.

Heinz Schlicht in der Kurfürstenstraße war eine renommierte Adresse. Salon Etoile, die Räumlichkeiten befanden sich im Hotel Sylter Hof. Ich musste jetzt morgens einige neue Straßen zur Arbeit gehen, aber sonst änderte sich nicht viel. Ich hätte Partner von Heinz Schlicht werden sollen, so hatten wir uns das vorgestellt. Es kam anders. Alle meine Stammkundinnen von Ina Sailer folgten mir an meine neue Arbeitsstelle, und bald hieß es: Ich gehe zu Udo Walz, wenn sie sich einen Termin geben ließen.

Ich brauchte noch Zeit. Was waren schon die paar Jahre, seit ich in Berlin aus dem Zug gestiegen war. Jahre, in denen ich gemerkt hatte,

Swinging Sixties: Nach einem Fotoshooting mit Rico Puhlmann (rechts) legen wir einen Sirtaki aufs Parkett.

dass ich alles konnte, was ich für meine Arbeit brauchte. Ich habe das damals nicht so empfunden, aber heute weiß ich: Ich war selbstbewusst geworden, ohne es zu merken. Meine Gleichgültigkeit vielem und in erster Linie mir selbst gegenüber hat die Vorstellung gar nicht entstehen lassen können, dass ich mir etwas aufbauen sollte. Ehrgeiz? Ich arbeitete halt, und zwar gern. Konkurrenzdenken war mir fremd. Ziele hatte ich keine.

Es waren andere, die sich über mich wunderten und sahen, dass ich etwas ändern musste. Eine Kundin, ein Freund, und vor allem Gloria, die meine Art zu frisieren schätzte. Sie gaben mir den nächsten Stoß.

Über Gloria Friedrich und das erste Fotoshooting hatte ich Zugang zur Welt der Mode, der Modemacher und Models bekommen. Damals war das alles noch sehr familiär, noch steckte eine ganze Industrie in den Kinderschuhen. So empfand ich es zumindest.

Mit Gloria hatte ich bald einen engeren Kontakt. Sie war eines der wenigen Models, die sich selbst schminkten und sich auch selbst sehr gut frisieren konnten. Wir verstanden uns. Dann kamen noch andere Models hinzu, ich frisierte bei Modenschauen, Couturiers interessierten sich für mich und arbeiteten gern mit mir zusammen, Fotografen ebenso.

Rico Puhlmann war einer von ihnen, F. C. Gundlach einer anderer. Puhlmann arbeitete viel in New York, Gundlach auch, man flog dauernd hin und her zwischen Berlin und New York.

Die Zeit war reif für eine wirkliche Veränderung. Ich hätte das damals nie so formuliert, das entsprach einfach nicht meiner Sichtweise, meinem Selbstverständnis. Auch wenn das blöd klingt: Ich hätte nicht sagen können, was ich wollte.

Ein Zufall half. Eine Freundin, die Französin Marie-France, hatte einen Kosmetiksalon. Er befand sich im ersten Stock in einer zu einem großzügigen Geschäft umgebauten Wohnung in der Fasanenstraße in Charlottenburg. Direkt gegenüber meiner Wohnung gelegen. Sie bot mir an, mich mit meinem Salon bei ihr einzumieten. Wie das klingt, Salon: Wieder mal erwischte ich das Durchgangszimmer. Diesmal allerdings war es das Beste, was mir passieren konnte.

Ich lernte, wie man mit wenig in der Hand etwas Ordentliches auf die Beine stellt. Für den Umbau der beiden Räume und alle notwendigen Anschaffungen musste ich achtzigtausend Mark aufbringen. Ich hatte nichts, die achthundert Mark, die ich gespart hatte, waren lachhaft. Eine Kundin lieh mir fünfundzwanzigtausend Mark, der Rest kam von der Bank. Ich unterzeichnete den Kreditvertrag. Eine Weile schlief ich sehr schlecht.

Die Zeit der Umbauarbeiten war quälend. Ich war mir unsicher, ob das alles richtig war, was ich tat. Konnte das gut gehen, ein Salon im ersten Stock eines Mietshauses? Würde irgendjemand den Weg zu mir finden?

Aber dann ließen über zweihundert Gäste die Eröffnungsparty zu einem riesigen Erfolg werden. Alles drängte sich in meinen neuen Räumen, die Luft war zum Schneiden. Zu viele waren da, und dann kam auch die Baupolizei. Ihr war das nicht geheuer. Unter den Gästen waren Peter Lorenz, ein wichtiger Mann in der Berliner CDU, der Geschäftsführer des Kaufhauses des Westens (KaDeWe), Rico Puhlmann und, und, und.

Kurz flackerten Erinnerungsbilder aus St. Moritz vor mir auf, als ich spürte, wie mir schwindlig wurde. Wieder hatte ich nichts gegessen, dafür aber diesmal einiges getrunken. So viel Parfüm, so viele lachende Gesichter, so viele schöne Frauen, so viele Männer in Anzug und Krawatte, mir wurde das zu viel. Wie der Abend weiterging, habe ich nicht so genau mitbekommen, nach einer Weile zog alles wie im Nebel an mir vorbei.

Irgendwann waren die letzten Gäste gegangen, ich räumte halbherzig ein bisschen auf, bevor ich auf der Besucherbank einschlief. Das Klingeln des Telefons weckte mich. Die erste Kundin fragte nach einem Termin. Meine erste eigene Kundin! Ich war noch ziemlich erschöpft, doch ich spürte: Das war der eigentliche Höhepunkt des Festes.

Kaum hatte ich begriffen, was gerade geschah, da war auch schon die nächste Kundin in der Leitung. Ich weiß noch genau, wie ich aus dem Staunen nicht herauskam: Den ganzen Tag über trug ich Termine in meinen Kalender ein. Und es klang anders, das Klingeln, hier in meinem eigenen Salon. Entscheidend anders.

Ich war mein eigener Chef. Ab jetzt arbeitete ich auf eigene Rechnung. Und verschwendete keinen Gedanken mehr daran, ob das gut gehen würde. Ich war erwachsen.

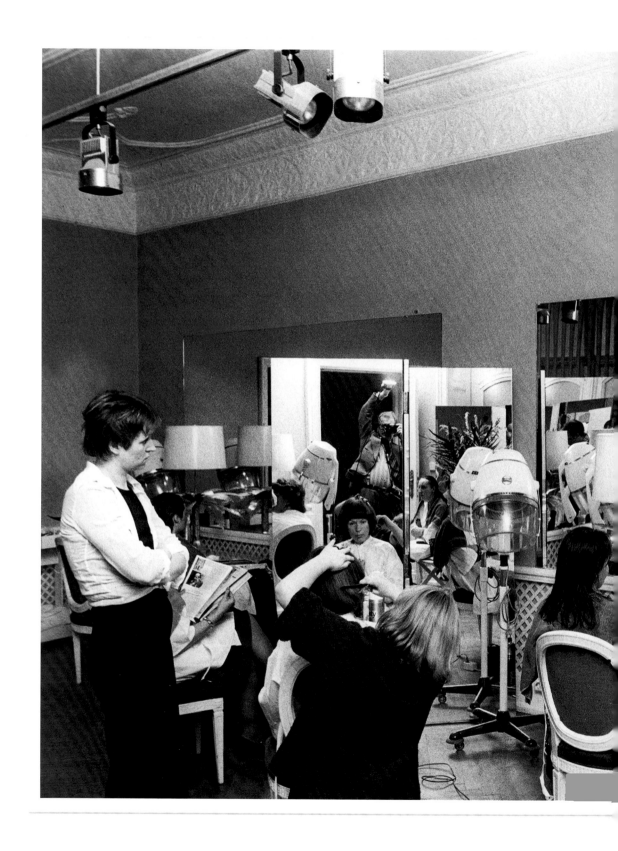

Bei der Eröffnungsparty zu meinem ersten Salon, umgeben von Frauen, Düften, Sektgläsern und Herren in Anzügen. Ein großer Abend. Am nächsten Morgen öffnet UDO WALZ, COIFFEUR seine Pforten.

Mein Sommergarten

Gibt es heute eine Straßenecke in Berlin, an der kein Friseur ist? Ich meine: Haare sind ein sicheres Geschäft, nichts wächst so zuverlässig wie Haare. Und das Geschäft boomt, wie es aussieht. Aber gucken Sie sich mal die Schaufenster an. Drei von vier Läden versuchen, die Kunden ausschließlich über den Preis zu ködern. Davon haben dann am Ende alle nichts. Die Kundinnen sind unzufrieden, die Angestellten verdienen viel zu wenig, um vernünftig von ihrer Arbeit leben zu können. Kein Ladenbesitzer kann damit auf einen grünen Zweig kommen.

Ich beneide die jungen Kolleginnen und Kollegen nicht. Sie haben es verdammt schwer. Aus einer Kunst ist im Ansehen vieler schon lange wieder ein bloßes Handwerk geworden.

Das Gute an den neuen Zeiten: Die Vielfalt der Frisuren ist großartig. Viele Frauen und Mädchen möchten nur noch ganz subjektiv beantworten, was sie als schön empfinden und bei welchem Trend sie eine Zeit lang mitmachen möchten. Motto: Alles geht. Diese Beliebigkeit kann furchtbar sein, aber sie hat auch ihre Vorteile. Gerade bei ganz jungen Mädchen finde ich den Stilbruch oft absolut hinreißend. Junge Frauen: Macht was, traut euch was, toll! Spielt mit eurem Aussehen, legt euch bloß nicht gleich auf eine Rolle fest, möchte ich ihnen zurufen. Friseurinnen und Friseure, die dafür einen Blick haben, haben meine volle Unterstützung.

Das Geschäft mit den Haaren hat aber auch seine Grenzen: Mehr als einem Menschen alle paar Wochen die Haare richten geht einfach nicht. Ich hatte acht Frisierplätze in meinem ersten Salon. Von neun bis achtzehn Uhr bedeutet das zehn, elf Kundinnen pro Platz. Das ist die betriebswirtschaftliche Seite. Aber was sind Zahlen in einem Metier, wo es ums Träumen geht!

Entscheidend ist, wie ich jemanden, der zu mir in den Laden kommt, emotional einbinde. Jede Kundin und auch jeder Kunde, die Männer auf eine unbewusste Art sogar noch viel mehr als die Frauen, haben klare Erwartungen, was sie bei mir erleben wollen. Sie machen sich das meistens gar nicht bewusst, aber es ist so. Das macht einen Gutteil des Glamours eines Friseurbesuchs aus.

Es beginnt mit dem Raum. Und mit dir als Friseur in dem Raum. Meine Dame, rufst du jedes Mal aus, wenn sich die Tür öffnet, und bittest um Aufmerksamkeit. Meine Dame, hier werden Sie verwandelt, treten Sie ein! Eine Kundin, die sich die Haare machen lassen will, betritt doch keinen Verkaufsraum! Also bitte, was sich da manche erlauben, ist empörend. Es ist doch so: Die Frau tritt in einen Raum ein, der auf delikate Weise eine Balance halten muss zwischen einer neutral geschäftsmäßigen und einer schmeichelnden, lockenden Atmosphäre. Sie hat eine geschlossene Tür geöffnet, ist einen Schritt auf dich zugegangen, und jetzt will sie auch mit offenen Armen empfangen werden.

Was hast du ihr zu bieten? Hoffentlich jede Menge. Sie wird sich wohlfühlen bei dir, sie wird träumen. Am Ende wird sie verklärt deinen Salon verlassen.

Also fang endlich damit an, dass sie sich wohlfühlt. Entführe sie in eine Inszenierung. Wenn sie Vertrauen gewonnen hat, wird sich ihre Anspannung legen, sie wird vergessen, wo sie ist. Ihre Straßenmaske ist schon gar nicht mehr zu sehen. Deine kräftigen Hände werden ihr unter warmem Wasser das Shampoo einmassieren, und sie wird sich wunderbar aufgehoben fühlen.

Jetzt ist Zeit zum Träumen. Wenn sie eine kleine Ewigkeit später vor dem Spiegel sitzt und sich aus weiter Ferne an den Menschen erinnert, der da zu sehen ist, ist sie eine andere. Eine, die sie sich viel zu selten zu sein gestattet. Du ermöglichst es ihr. Wie in der Dunkelkammer eines Fotografen seht ihr euch zusammen die Bilder an, die sie heimlich von sich geknipst hat. Mit einer Pinzette holst du sie aus dem Fixierbad und hängst sie an einer Leine zum Trocknen auf. Nur sie und du sehen das Ergebnis, die Fantasien, die Träume.

Als exzellenter Friseur wirst du dazu kein Wörtchen fallen lassen. Du sorgst ja schon dafür, dieses neue, andere, wandlungsfähige Selbstbild, das da aufblitzt, Realität werden zu lassen. Du bist der Regisseur.

Ich hatte eine Innenarchitektin mit der Einrichtung meines ersten Salons beauftragt. Die beiden Räume sollten sommerlich wirken, dann ist die Seele entspannt, und überhaupt alles fühlt sich leicht an. Sagen wir, man sitzt in einem Sommergarten. Unter der Spiegelwand ein Scherengitter wie im Freien. Im Spiegel sieht man den Raum hinter sich, und darin erblickt man die nächsten Spiegel, die wieder eine neue Perspektive eröffnen.

Es sollte amerikanisch wirken, wie wir uns eine Traumfabrik, einen Arbeitsplatz für die Entstehung von Wunschbildern, eben vorstellen. Regisseurstühle gehören dazu, das typische Feeling »am Set«. Jeder hat die fertigen Bilder dazu im Kopf. Die Anmutung Filmstudio ermöglicht jedwedes Improvisieren. Nichts muss perfekt sein, vorausgesetzt, es trägt den Charme des Künstlerischen.

Meine Kasse zum Beispiel war die absolute Verweigerung jedes Bildes einer Kasse. In einem antik-alten, kleinen, allerdings sehr schönen Tischchen befand sich in der Schublade eine Geldschatulle – das war alles. Wie bei sich zu Hause zog man nebenbei die Schublade auf und legte die Scheine hinein. Zugeschoben und fertig. Kein Kassenrasseln, kein nervender Klingelton wie beim Aufspringen der Geldfächer dieser Monsterkassen. Eine kleine Schatulle, ich lüpfte kurz den Deckel, mehr nicht. Vielen Dank, lass es dir gut gehen, meine Liebe. Es war mir ein Vergnügen. Bis bald.

Eigentlich habe ich genau das umzusetzen versucht, was bei einer Kundin geschieht, die zum Friseur geht, sich dort wohlfühlt, sich aber nie überlegt, woran das liegt. So habe ich meinen ersten Salon eingerichtet. Ich hatte ein vollkommen klares Gefühl, was ich wollte.

Intuition ist das A und O. Das gilt auch beim Überlegen, welche Frisur für eine Frau in einer bestimmten Situation infrage kommt. Nein, es ist mehr: Es geht darum, welche Frisur das Innere der Frau berühren, es sichtbar machen kann. Ich schaue mir die Gesichtsform an, sehe, was bei den Haaren vielleicht nicht stimmt, betrachte die Person als Ganzes, ihre Kleidung, ihre Schuhe, ihre Handtasche, und mache dann einen Vorschlag.

Ich habe immer ein sicheres Gespür, was passt. Das fasziniert mich an Haaren: Wenn man ein gutes Auge hat, kann man einen Menschen total verändern. Mit wenigen Handgriffen.

Das Gesicht und die Persönlichkeit einer Frau entscheiden, was ihr steht. Nicht die Mode. Wenn wir dann zusammen die richtige Frisur gefunden haben, bin ich jedes Mal begeistert, wie sehr eine Frisur den Menschen verwandelt. Ich meine vor allem das Innere, das Gefühl, das jemand für sich selbst hat.

Was gibt es Schöneres als eine Frau, die sich schön findet und diese Gewissheit, diesen Stolz auch ausstrahlt! Sie wird sich anders bewegen, sie wird eine andere Präsenz haben, ein anderes Auftreten. Ich nenne das Allüre. Die Allüre einer Frau – das ist es. Da bekomme ich weiche Knie. Es gibt keinen erhabeneren Moment, der zugleich so einfach, so natürlich ist. Mit der Arbeit meiner Hände komme ich diesem Moment ganz nah. Der Schönheit. Vielleicht ist das der tiefe Grund, warum ich Friseur geworden bin.

Drei Frauen, drei Persönlichkeiten, drei Frisuren.
Wie gern – erst recht vor so tiefblauem Himmel! –
halte ich das zeitlos Weibliche in meinen Händen.
Jede Frau ist schön.

Ein eigenartiger Beruf

Meine Mutter war eine tolle Frau. Jeden Tag hat sie mir zehn Pfennig auf den Tisch gelegt, damit ich mir in der Schule eine Zuckerschnecke kaufen konnte. Dabei musste sie jede Mark zweimal umdrehen und gönnte sich selbst nichts.

Vielleicht waren es diese kleinen Gesten, mit denen sie mich auf unscheinbare Art stark gemacht hat. Sie stand hinter mir, ohne mich zu bevormunden, das spürte ich. Sie ermutigte mich, Dinge auszuprobieren und herauszufinden, was für mich stimmte.

Ich war das Nesthäkchen, meine beiden Schwestern waren etwas älter. Bis ich sechs war, waren wir eine ganz normale Familie. Mein Vater hatte sich mit einem Feinkostladen selbstständig gemacht, Obst und Südfrüchte. Der Krieg war noch nicht lange vorbei, man hätte meinen können, es hätte eigentlich einen großen Bedarf über den Apfel aus dem Remstal und die heimische Kartoffel hinaus geben müssen. Aber die Zeit war offenbar noch nicht reif oder die rechtschaffenen Schwaben zu sparsam. Jedenfalls musste mein Vater das Geschäft bald schließen. Jeder, der einmal selbst etwas aufzubauen versucht hat, weiß, mit welchem Gefühl man in so einem Moment dasteht. Danach lieferte er Kühlschränke und andere Elektroartikel aus, die Spedition war in ganz Süddeutschland unterwegs. Manchmal saß ich bei seinen Fahrten neben ihm.

Von einem Tag auf den anderen war plötzlich alles anders.

Irgendwann muss mein Vater begonnen haben, ein Doppelleben zu führen. Dann knallte es, und meine Familie war zerbrochen. Ich weiß nicht, was schlimmer war: dass er meine Mutter mit unserem Kindermädchen betrog oder dass er mit seiner neuen Freundin in das Nachbarhaus zog. Der Skandal wühlte das ganze Städtchen auf. In einem engen Rahmen wäre das bestimmt noch heute so, obwohl sich die Zeiten geändert haben.

Nachdem meine Eltern geschieden waren, heiratete mein Vater sofort wieder. Wir Kinder lebten bei meiner Mutter. Und als hätte das nicht schon gereicht, um ihr den Alltag schwer zu machen, kam nach der Scheidung auch noch das Finanzamt und verlangte eine immense Nachzahlung. Zwanzig Jahre lang hat sie dem Finanzamt Geld zurückzahlen müssen.

Was eigentlich machte ein Friseur? Irgendetwas geschah mit meiner Mutter bei diesen Terminen, etwas Mysteriöses.

Unglaublich, was diese Frau leistete. Als Schraubendreherin stand sie den lieben langen Tag an der Werkbank bei Bosch, dem größten Arbeitgeber in der Region. Das Geld reichte natürlich hinten und vorne nicht. Es blieb ihr nichts anderes übrig, als am Freitag und Samstag als Serviererin noch etwas dazuzuverdienen. Die Gaststätte Philippi lag nicht weit von uns entfernt im Remstal.

Ich glaube, dass wir nur deshalb keine Not litten, weil meine Mutter so diszipliniert und sparsam war. Natürlich feierten wir Weihnachten, aber genauso bescheiden, wie unser Alltag war. Es gab einen bunten Teller, darauf zwei Bananen, Äpfel und ein paar Nüsse. Das war's. Zu essen gab es Würstchen und Cola. Das war unser Weihnachtsessen.

Waiblingen war ein Nest. Ein paar Häuser, darum herum Bauernhöfe, die Volksschule, das Rathaus, und alles von der idyllischen Rems umspielt, die mitten durch das Städtchen fließt. Was wollte ich hier? Das habe ich mich schon als kleiner Junge gefragt. Ich war öfter bei dem Bauern nebenan, half beim Heumachen auf den Wiesen oder im Stall. Aber auch da gehörte ich nicht hin.

Als Kinder holten wir die Milch in einer Kanne vom Milchmann. Der Mann stand an einer Zapfstation in seinem Laden und pumpte einem die Milch in das Gefäß. Wenn wir zu mehreren waren, haben wir auf dem Nachhauseweg die volle Kanne am ausgestreckten Arm im Kreis herumgeschwungen. Wehe, man traute sich nicht richtig und zögerte. Schon war die Bescherung da.

Nachmittags spielten wir am Fluss. Wir bauten Dämme oder ruderten mit einem Kahn herum. Später, als ich schon größer war, haben wir manchmal heimlich zwischen den Büschen geraucht. Ob man so Teil von etwas anderem werden konnte, das es irgendwo doch geben musste? Das Kraut, eine Art Löwenzahn, schmeckte schrecklich.

Einmal hat uns ein Lehrer erwischt. Am nächsten Tag in der Schule mussten wir die Hände ausstrecken, und er schlug uns mit einer Rute auf die Finger. Ist das nicht eine Frechheit?

Leider muss ich sagen: Ich war faul. Stinkfaul. Ich hatte keine Lust, in die Schule zu gehen. Mir war alles gleichgültig, nichts interessierte mich. An die Einschulung kann ich mich allerdings noch gut erinnern. Auf einem Foto stehe ich mit Schultüte neben dem hohen Randstein des Bürgersteigs. Seltsame Größenverhältnisse. Ich weiß noch genau, was in der Schultüte war: Orangen, Äpfel, Nüsse, Schokolade und ein paar Bonbons. Was ich danach acht Jahre lang in der Schule gemacht habe, hat sich dagegen auf sagenhafte Weise in nichts aufgelöst.

Ich habe die Schule gehasst. Nicht gerade ein förderliches Grundgefühl, um etwas zu lernen. Besonders groß war der Widerwille gegen den Geschichtslehrer. Ich saß in der ersten Reihe, das muss in der siebten Klasse gewesen sein. Der Lehrer hatte eine ziemlich feuchte Aussprache, also habe ich mein Heft zugeschlagen, um es in Sicherheit zu bringen. Zur Strafe musste ich mich in die Ecke stellen.

Herablassend fragte er mich: »Udo, was willst du denn mal werden?« Ich antwortete: »Ich weiß nicht. Vielleicht Friseur.«

Was war das, Prophetie, Zufall, ein Zeichen? Brach sich da mein Unterbewusstsein Bahn? Ich war nicht auf den Mund gefallen, aber sehr schüchtern. Diese zwei Worte klangen jedoch vorsichtig selbstbewusst. Zu gern wüsste ich heute, warum ich das damals sagte. Fest steht: Ich hatte überhaupt keine Vorstellung von der Arbeit eines Friseurs und genauso wenig von meiner Zukunft.

Die Antwort des Lehrers war vorhersehbar: »Na ja, mehr schaffst du eh nicht!« Leider ist der gute Mann schon gestorben, sonst würde ich ihn heute zu mir einladen und ihm zeigen, dass ich es doch zu etwas gebracht habe. Sogar für schwäbische Verhältnisse.

Als sich meine Schulzeit dem Ende näherte, war meine Mutter ratlos, was aus mir werden sollte. Und ich erst recht. Ein Herr Birkholt

Der Schulknabe (ganz links
vorne) und der Stratege.
In Stuttgart blickt man von
vielen schönen Orten aus
weit übers Land.

war mit meiner Mutter befreundet, Herr Birkholt war Friseur. Sein Salon an der Stuttgarter Königstraße war einer der besten weit und breit. Meine Mutter muss bei einem Termin wohl von ihren Sorgen mit ihrem Sohn erzählt haben, denn danach war die Idee geboren, ich solle einmal zu Herrn Birkholt gehen und mir anschauen, was ein Friseur so macht. Ein Schnupperpraktikum für den jungen Herrn.

Ich war mäßig begeistert. Mir schwebte vor, in einem Hotel zu arbeiten. Das schien mir die Welt zu sein, die große Welt, mit der ich alles hinter mir lassen konnte. Ständig würden interessante Menschen kommen, man öffnete ihnen die Tür, wechselte ein paar kluge Worte, die Hotellobby würde Weltläufigkeit ausstrahlen, große Spiegel würden die flauschigen Teppiche noch hübscher aussehen lassen. Und ich mittendrin. Das war mein Traum: in einer schönen Umgebung mit interessanten Menschen zu tun zu haben.

Aber was machte ein Friseur eigentlich? Ich war noch nie bei einem gewesen, uns wurden die Haare in der Küche geschnitten. Wenn meine Mutter vom Friseur kam, einmal im Vierteljahr, roch sie unangenehm nach Parfüm. Etwas passierte mit ihr bei diesen Terminen, irgendetwas, was die Aura des Mysteriösen besaß. Es war Luxus, sich so verwöhnen zu lassen, aber was war Luxus eigentlich? Und waren Haare nicht unwichtig?

Immerhin wusste ich bereits genau, dass es nicht gleichgültig war, wie jemand aussah. Ich mochte es, wenn Menschen sorgfältig auf ihre Kleidung achteten. Ich spürte, wenn jemand gepflegt war, mir gefiel das.

Wenn meine Mutter vom Friseur kam, trug sie ihren Kopf stolzer, zumindest steifer, jedenfalls anders. Irgendwie unnatürlich. Dazu der seltsame Geruch.

Ich habe eine feine Nase, und was mir da entgegenschlug, das vertrug ich nicht gut. Friseur musste ein eigenartiger Beruf sein.

Drei Badehosen

Eines Tages fuhr ich also in den Salon Birkholt nach Stuttgart. Drei Tage sollte mein Reinschnuppern dauern. Nach einer Stunde dort wusste ich: Das ist es. Das will ich tun.

Wenn ich heute zurückdenke, glaube ich, es waren in erster Linie die eleganten Frauen, die es mir angetan hatten. Für mich besaßen die Räume etwas Glamouröses, Nobles. Wie die Damen, die sich einen Besuch hier leisten konnten. Und ihr Dialekt erst. Es war die pietistische Variante des allseits bekannten Schwäbisch, das ich nur in seiner breitesten Form im Ohr hatte. Die wohlhabenden Stuttgarterinnen bewegten sich auf einem Mittelweg zwischen Hochdeutsch und gespreizt. Ihre Sätze begannen gern so: »Saget Sie, habet Sie auch schon gehört ...« In der Provinz klang das ganz anders: »Hän Sie scho ghört, dass ...« Welten lagen dazwischen.

Ich spürte eine unbekannte, unausgesprochene Erotik. Natürlich hätte ich das Gefühl nicht in Worte fassen können. Ähnlich erging es mir mit dem Laden. Ich erinnere mich nicht mehr, welche Möbel Herr Birkholt in seinem Geschäft hatte. Es war einfach alles anders als bei uns zu Hause, wo langflorige Teppiche herumlagen, was als modern galt. In unserem Wohnzimmer hatten wir ein Breitcordsofa mit ledernen Armlehnen, ebenfalls hochmodern. Wo ich bald arbeiten würde, war die Atmosphäre sachlich und wirklich modern. Auf eine edle, zurückhaltende Art stilvoll.

Ich spürte, dass ich mich nicht ungeschickt anstellte. Schon als Lehrling hatte ich meine ersten Stammkundinnen.

Als ich bei Herrn Birkholt im Laden stand, wusste ich, was ich immer gedacht hatte, ohne es formulieren zu können: Irgendwo gibt es noch etwas anderes, etwas Unbekanntes, Attraktives. Etwas, das viel besser zu mir passt. Und nun hatte ich es gefunden. Ich würde Friseur werden.

Auf acht Jahre Schule folgten drei Jahre Friseurlehre. Ich war fünfzehn, sechzehn und mäßig motiviert. Keine Frage: Die Arbeit machte mir Spaß, aber alles andere ödete mich an. Berufsschule, Prüfungen, Routine, Pflichten. Ich ordne mich nicht gern unter, habe ich damals gemerkt, ich marschiere höchst ungern mit Dutzenden anderen im Gleichschritt. Ich kann sogar sagen, ich habe das nie gemacht. Ich bin immer zuvor ausgebüxst oder verweigerte mich sonst wie. Nur bei der Lehre hielt ich durch.

Schon damals spürte ich, dass ich mich auf mich verlassen kann. Alles andere war unwichtig. Der junge Udo war schüchtern, aber er hatte schon seinen eigenen Kopf.

Natürlich konnte unter diesen Umständen keine glanzvolle Lehre herauskommen. Das war mir so was von egal.

Das tägliche Hamsterrad war ermüdend. Ich stand um fünf Uhr morgens auf, lief zwanzig Minuten zum Waiblinger Bahnhof und fuhr zwanzig Minuten nach Cannstatt. Von dort ging es mit der Straßenbahn weiter nach Stuttgart, und noch einmal zehn Minuten später war ich am Ziel. Morgens war es fast immer dunkel, wenn ich zur Arbeit fuhr, und abends auch wieder.

Dazwischen lagen lange und wenig spannende Stunden. Ich fegte den ganzen Tag den Boden, durfte – das Höchste an Vertrauen des Meisters – manchmal einer Kundin das Haar waschen. Wenn der Laden um achtzehn Uhr geschlossen wurde, putzte ich alles und räumte schön ordentlich auf.

Herr Birkholt ging streng und distanziert mit mir um. Einmal wöchentlich ließ er mich die siebenunddreißig Doppelfenster des Salons putzen, von innen und von außen, und regelmäßig schickte er mich zum Metzger, um etwas zu besorgen. Jeden Morgen musste ich Tartar holen für seinen Hund und für ihn selbst ein Viertelpfund Schwartenmagen im Weck.

Ich funktionierte, arbeitete tüchtig und durfte endlich die Kunst des Haareschneidens lernen. Sie glauben ja gar nicht, was für ein komplexes Handwerk das Haareschneiden ist. Es besteht aus sehr viel Technik, wovon ein Kunde nur dann etwas mitbekommt, wenn er mit Grausen feststellt, dass das Resultat nicht überzeugt. Verschiedenste Scheren, Messer, Klingen kommen zum Einsatz, man schneidet über die Finger oder mit dem Kamm, Übergänge sind zu modellieren, Konturen zu markieren. Der Könner baut Führungslinien auf, legt Winkel für die zu schneidenden Haarpartien fest, welche anschließend effiliert werden. Na gut – ich höre schon auf damit, Sie zu langweilen. Man lernt viel über die physikalische Beschaffenheit des Haares, über Chemie, von der Zusammensetzung von Wasser bis hin zu den ganzen kosmetischen Mitteln. Es geht um Ästhetik, und es geht um Psychologie, um Fingerspitzengefühl. Ein weites Feld, viele weite Felder ...

Für mich war es eine Entdeckung zu sehen, wie gern ich diese Arbeit tat. Sie machte mir Freude, und ich spürte, dass ich mich nicht ganz ungeschickt anstellte. Es ging ziemlich schnell, dass Kundinnen gern zu mir kamen, nicht, weil ich so gut aussah, sondern weil sie es mochten, wie ich mit ihnen und ihren Haaren umging. Nach einiger Zeit hatte ich sogar meine ersten Stammkundinnen. Ein Wort des Lobes bekam ich von Herrn Birkholt trotzdem nie zu hören, aber heute weiß ich, dass es viel wichtiger war, dass ich bei den Kundinnen beliebt war.

Vom Chef wurde ich für meinen Fleiß auf andere, ungewöhnliche Weise entlohnt. Zu Weihnachten bekam ich von ihm, und zwar jedes Jahr identisch, ein Geschenk überreicht: eine Badehose. Sie war

LEHRZEUGNIS

Udo Walz

geboren am **28.7.1944**

in **Waiblingen** -Kreis

hat vom **1.4.1958** bis **31.3.1961**

bei **August Schmitz**

in **Bad – Cannstatt**

das FRISEUR -Handwerk erlernt

Kenntnisse *gut*

Fertigkeiten *gut*

Betragen *gut*

STUTTGART den **31.3.1961**

Lehrherr

GESELLENPRÜFUNGSZEUGNIS

Udo Walz

hat am **20.3.1961** die Gesellenprüfung

im FRISEUR -Handwerk

bestanden Gesellenstück **ausr.**

Praktischer Hauptteil: Herrenfach **gut** / Damenfach **befr.**

Theoretischer Hauptteil: **ausr.**

STUTTGART, den **20.3.1961**

DER GESELLENPRÜFUNGSAUSSCHUSS

der FRISEUR -Innung

in STUTTGART

Vorsitzender *Benk*

Beisitzer *Gerker*

Beisitzer *Mörger*

Beisitzer

ABGANGSZEUGNIS
DER GEWERBLICHEN BERUFSSCHULE

Udo Walz

hat die Gewerbliche Berufsschule

in **Stuttgart – „im Hoppenlau"**

von **8. Mai 1958** bis **23. März 1961**

besucht und die Abschlußprüfung abgelegt. Er/Sie hat damit die Berufsschulpflicht erfüllt und folgendes Abgangszeugnis erhalten:

Betragen	*gut*	Mitarbeit	*gut*
Fachrechnen	*ausr.*	Betriebskunde	*befr.*
Fachzeichnen	—	Deutsch	*ausr.*
Stoffkunde	*ausr.*	Gemeinschaftskunde	*befr.*
Fachkunde	*befr.*	Werkstattunterricht	
		Haararbeit	*befr.*
		Kabinettarbeit	*gut*

Durchschnittsnote **3,2**

STUTTGART, den **23.3.61**

(Schulstempel) Klassenlehrer

Schulleiter

Zeugnisstufen: sehr gut=sgt (1) gut=gt (2) befriedigend=bf (3) ausreichend=ausr. (4) mangelhaft=mangelh. (5) ungenügend=ung. (6) In Betragen und Mitarbeit: sgt, gt, noch bf, unbf

Ausreichend, befriedigend, gut. Ich bestand die Prüfung, aber fragen Sie nicht, wie. Leider gab es keine Noten, ja nicht einmal Fächer, für Kreativität und Fantasie.

Lehrbrief

Prüfungszeugnis

zusammen mit einem Probierfläschchen Haarspray akkurat in Geschenkpapier verpackt. Jedes Jahr eine Badehose – übrigens auch jedes Jahr dasselbe Geschenkpapier. Ich wunderte mich doch.

Bis heute weiß ich nicht, warum er mir in drei Lehrjahren drei Badehosen zu Weihnachten schenkte. Ein dezenter Wink, wo ich die schönen Mädchen finden würde? Sollte ich schon früh beginnen, meine Rückenmuskulatur zu stärken, um das viele Stehen auszuhalten? Oder war seine Frau Bademodendesignerin? Manche Dinge bleiben ein Rätsel.

Ich war noch nicht siebzehn, als meine Lehrzeit zu Ende ging. Ich bestand die Abschlussprüfung, aber fragen Sie nicht, wie. Keine Ahnung, wer diese Bestenliste aufgestellt hat, jedenfalls landete ich auf Rang fünfhundertachtundneunzig. Hinteres Mittelfeld, könnte man sagen. Sechshundert Teilnehmer hatten an der Prüfung teilgenommen.

Der Meister war enttäuscht, ich war enttäuscht. Obwohl, bei mir hielt es sich in Grenzen. Die anderen Lehrlinge hatten seit einem halben Jahr wieder und wieder immer diese eine Frisur gemacht, die geprüft wurde. Irgendeine Tresse. Alles in mir weigerte sich, bei so einem Theater mitzumachen. Da war null Kreativität, null Spielraum für Fantasie.

Die Prüfung war das Gegenteil von allem, weshalb ich Friseur sein wollte. Lustlos brachte ich sie hinter mich.

Sattblau, saftiggrün, schmuck

Ich wusste, dass ich den richtigen Beruf hatte. Ich wusste, dass es mir leichtfiel, für eine Frau etwas Eigenes, sie Schmückendes zu kreieren. Ich wusste, wie angenehm ich die Arbeit in einem guten Salon empfand, die Cremes, die Düfte, alles, was mit Wohlbefinden und Schönheit zu tun hat. Dann wusste ich noch, dass ich das Ländle schleunigst verlassen wollte.

Was ich nicht wusste, war, was ich tun sollte.

In den Schaufenstern der Reisebüros hatte ich oft Bilder gesehen, die mir gefielen. Hellblaue Gletscherzungen vor einem sattblauen Himmel, daneben saftiggrüne Weideflächen mit schmucken Kühen. Die Städte waren wie gemalt, alles hatte eine saubere Ordnung, nirgends waren Kriegsspuren zu sehen. Eine schöne Welt.

Verheißungsvoll. Diese Welt hieß Schweiz.

Ich erklärte meiner Mutter, dass ich in die Schweiz gehen würde. Meine Mutter lachte nur und meinte, das solle ich ruhig versuchen. Vielleicht war das ihr gesunder Pragmatismus: Sich die Hörner abstoßen schadet niemandem. Außerdem glaube ich, dass meine Mutter gar keine genaue Vorstellung von der Schweiz hatte. Ich übrigens auch nicht.

Mein Bild, aus verschiedenen Plakatmotiven und Reiseprospekten zusammengebastelt, war dennoch klar. Hier musste das Glück liegen. Schokolade und Löcherkäse gab es obendrein.

Meine Zeit in der Schweiz würde großartig werden. Beim Klinkenputzen verflog die Euphorie schnell.

Schon bald packte ich meinen Koffer, legte den Gesellenbrief hinein und fuhr los. Ich würde meine Karriere in Zürich beginnen. In einer richtigen Stadt. Das war mein Plan. Während der Bahnfahrt spürte ich, dass ich nun frei war. Zum ersten Mal entfernte ich mich wirklich von meinem Elternhaus, ich war unterwegs in eine Zukunft, die glänzend vor mir lag.

Während ich das letzte Wurstbrot, das mir meine Mutter geschmiert hatte, verspeiste, zog vor dem Fenster der Schwarzwald vorbei. Noch einmal eine finstere deutsche Kulisse, bevor der Rheinfall bei Schaffhausen mir zeigte, wie die Schweiz war. Ein breiter Strom, der sich entschlossen hinabstürzte, wobei er Millionen Wassertröpfchen hinaufschleuderte in einen blauen Augusthimmel.

Hier waren die Elemente zu erleben, direkt und gewaltig. Meine Zeit in der Schweiz würde großartig werden.

In Zürich war es mit meiner Euphorie bald vorbei. Ich wusste nicht, ob ich etwas falsch machte, jedenfalls fühlte ich mich sehr schnell verloren. Tag für Tag besuchte ich einen Salon nach dem anderen und stellte mich ordentlich vor: »Guten Tag, ich heiße Udo Walz. Ich bin Friseur und komme aus Stuttgart. Könnte ich bei Ihnen arbeiten?« Beiläufig, aber unübersehbar hielt ich dabei meinen Gesellenbrief in die Höhe, auf dem das seriöse Siegel der Handwerkskammer Stuttgart prangte.

Es nützte nichts, keiner wollte mich anstellen. Höflich, aber unmissverständlich sagte man mir ab. Tag für Tag, sechs Wochen lang. Mein Geld reichte gerade für diesen Zeitraum, dann würde ich längst eine Stelle gefunden haben, hatte ich gedacht.

Wenn ich abends in meinem Zimmerchen saß, überlegte ich, was ich falsch machte. Sah ich nicht ordentlich aus? Wirkte ich unseriös? Ich kam mir ungenügend vor. Als wäre ich nicht sauber genug. Als wäre die Frisur nicht ordentlich.

Das einzige Gefühl, das deutlicher wurde mit jedem Tag, war, dass die Schweizer mich ablehnten, weil ich Deutscher war. Offenbar war das der Grund.

Mein Geld war fast alle, es musste etwas geschehen, und wenn ich wieder den Zug bestieg und ins Schwabenland heimfuhr. Ich kannte die Straßen der Stadt inzwischen auswendig, alle Viertel hatte ich mehrmals durchwandert, da stieß ich auf einen neuen Salon. Mit einem Blick sah ich, wie stilvoll er eingerichtet war. Helle Korbmöbel standen sorgfältig arrangiert in dem großen Raum, und eine tiefblaue, teure Auslegware bedeckte den Boden. Vor den Spiegeln saßen elegante Damen und ließen an ihrer Schönheit arbeiten.

Jetzt überstürzten sich die Ereignisse. Ich kam gar nicht dazu, meinen Spruch aufzusagen – schon umtänzelten mich die beiden Salonbesitzer. Sie wollten mich sofort einstellen. Leider fragten sie noch nach meinem Alter. Dann sahen sie sich an und zuckten mit den Schultern. Sie dürften mir erst, wenn ich achtzehn sei, eine Stelle geben, erklärten sie mir.

Ich schlug ihnen vor, dass ich einfach in einem halben Jahr wiederkommen würde. Das fanden sie eine gute Idee. Sie würden warten und sich auf mein Kommen freuen.

Fieberhaft überlegte ich, was ihnen an mir gefallen hatte. Auch wenn es merkwürdig klingt: Ich kam nicht drauf.

Zum ersten Mal seit meiner Ankunft schlief ich tief und fest. Nun hatte ich es doch geschafft. Das halbe Jahr würde ich zu Hause überstehen, und danach würde ich ein neues Leben beginnen. Am Morgen packte ich meinen Koffer und lief zum Bahnhof.

Aus Übermut besuchte ich noch einen Salon auf der Bahnhofstraße. Nun, wo ich eine Stelle gefunden hatte, konnte ich mir noch einen allerletzten Versuch erlauben.

Die Friseurin, mit der ich sprach, interessierte sich überhaupt nicht für mich. Das machte nichts. Ich war schon fast wieder vor der Tür, als ein Herr nach mir rief. Es war der Chef des Salons, Herr Lüdi. Er erkundigte sich nach meinem Wunsch und besah sich meinen Gesellenbrief ausführlich. Er war der Erste, der das tat. Dann fragte er mich, ob ich ihm am Abend etwas vorfrisieren wolle. Sein Interesse irritierte mich. Überrascht sagte ich zu.

Als ich nach achtzehn Uhr wiederkam, waren nur noch er und die Friseurin da. Ein Modell saß für mich bereit – eine alte, sehr alte Dame. Ich habe so etwas auch in all den Jahren danach nie wieder erlebt. Sie war elegant, und man sah ihrem Körper an, wie diszipliniert sie ihn ihr Leben lang behandelt hatte. Ihr Haar war lang und grau.

Es war so eine bizarre Situation, dass ich wie befreit loslegte. In kürzester Zeit machte ich ihr eine Einschlagfrisur, eine Grace-Kelly-Frisur. Dabei wird das lange Haar toupiert und dann eingeschlagen. Der Kopf wirkt schmal, die Frisur streng. Klassischer Jugendstil. Als ich fertig war, sah die Dame umwerfend aus – einfach elegant.

Die Friseurin und Herr Lüdi sahen sich an, beide waren sichtlich beeindruckt. Meister Lüdi machte mir nun das zweite Angebot an diesem Tag: Ich könne in vier Wochen bei ihm anfangen.

Ich wand mich eine Sekunde lang. Durfte ich zusagen? Ich hatte doch schon den beiden Herren meine Dienste versprochen. Da erlösten mich die nächsten Fragen. Ob ich die Berge möge? Hm, was sollte ich sagen. Ob ich Französisch und Englisch könne? In der Schule hatte ich ein wenig Englisch gelernt, also bejahte ich die Frage schnell.

Er brauche einen Friseur, fuhr der Mann fort, allerdings nicht hier, sondern in seinem Salon in St. Moritz.

Überrascht nickte ich.

»Wollen Sie zusagen?«, fragte Herr Lüdi und streckte mir die Hand entgegen. Ich schlug ein.

»In vier Wochen also. Auf Wiedersehen.« Er sah mich aufmunternd an und brachte mich zur Tür.

An diesem Abend hielt mich nichts in dem Zimmer, in das ich

noch einmal zurückgekehrt war. Ich ging durch die Straßen, ohne zu wissen, was ich tat. War ich wirklich in der aufregenden Schweiz? Ja, doch, in Zürich, aber bald würde ich in St. Moritz sein. War das nicht sogar viel besser? Skifahren, Hochadel, Prominenz – St. Moritz, das war spektakulär. Ich war aufgeregt wie noch nie zuvor in meinem Leben.

Tief in der Nacht betrat ich eine Kneipe und bestellte mein erstes Bier. Eine Stange hieß das hier, wie ich lernte. Ein Pils. Die Kellnerin spürte, dass ich ganz außer mir war, und lud mich auf ein zweites ein. Was für ein Tag.

Ich fühlte mich frei. Also doch die Schweiz!

Top. St. Moritz

Die kommenden Wochen waren schlimm. Ich saß herum, alles, worauf ich sehnlich wartete, lag schon zum Greifen nah vor mir, nur durfte ich mich noch nicht bewegen. Wie sollte ich das aushalten? Traf ich Schulkameraden, erzählte ich ihnen von meinem Glück. Aber ich wurde enttäuscht, alle taten so, als sei es gar nichts Besonderes, was ich ihnen zu berichten hatte. Die Schweiz galt in ihren kleingeistigen Augen einzig als teuer, als verschwenderisch und ganz und gar nicht alltagstauglich. Offenbar war ich auch so ein Luftikus, nur zu Spielereien aufgelegt, aber weit entfernt von jeder seriösen Arbeit. Wer wurde schon Friseur! Meine Freunde arbeiteten als Autoschlosser und Feinmechaniker, und vor allem blieben sie im schönen Waiblingen. Ihre Zukunft war bodenständig, handfest, vielversprechend. Meine Flausen dagegen ...

Ich spürte gleichwohl, dass ich recht hatte, und nicht sie. Vielleicht gab es die eine richtige Entscheidung nicht, jeder konnte nur seinen eigenen Weg suchen. Plötzlich fiel mir auf, wie provinziell hier in dem Ort, wo ich aufgewachsen war, alles war, wie klein, geradezu putzig. Und das Schwäbisch erst. Ich hatte Zürich gesehen, eine richtige Stadt, und die Berge, auf Plakaten und beinah auch schon selbst. Das war nicht zu vergleichen.

Jetzt musste ich nur noch die paar Wochen herumbringen. Ich begann, weltläufige Körperhaltungen und Grimassen zu üben. Dazu stellte ich mich vor den Badezimmerspiegel, den Kopf der imaginären

Dame, die ich gekonnt frisierte, verkörperte ein aufblasbarer Kinderwasserball. Meine minimalistischen Bewegungen waren wichtig, mein ernster Blick, ich musste souverän wirken. Zum Schluss senkte ich meinen Kopf zu ihrem hinab, jetzt begegneten sich unsere Augen direkt im Spiegel. Die Dame sah mich zufrieden an. Bald, nahm ich mir vor, würde ich mit diesen Gesten Erfolg haben.

Endlich war es so weit. Im Zug sitzend fiel mir auf, dass ich mich gar nicht richtig verabschiedet hatte, alles in mir war auf das Ziel meiner Reise ausgerichtet. Irgendwann, weit hinter Zürich, ich hatte in die kleinen roten Waggons der Rhätischen Bahn gewechselt, öffnete ich eines der Fenster und streckte meinen Kopf hinaus. Die kalte Luft nahm mir den Atem, das Gesicht war im Nu wie vereist. Es tat weh. Ich wollte spüren, intensiv, dass jetzt etwas geschah mit mir. Dass sich jetzt etwas änderte.

»Boris«, sagte Meister Lüdi. »Du bist Monsieur Boris.« Damit war ich für St. Moritz getauft.

Der Zug quälte sich langsam die Berge hinauf, die Welt draußen hatte sich verändert. Weißer konnte es nicht mehr werden. Mit steifem Hals wieder auf meinem Platz sitzend, war es gut. Mein Gesicht fühlte sich an wie von Stecknadeln maltätiert.

In St. Moritz holte mich Herr Lüdi vom Bahnhof ab. Mein neuer Chef hatte einen Schlitten mitgebracht, auf den er mein Gepäck lud, und wir gingen los. So viel Schnee hatte ich noch nie gesehen, alle Mäuerchen, jeder Baum, alle Dächer trugen dicke runde Hauben.

Um uns herum war es still, nur unsere Schritte und die Kufen des Schlittens im Schnee waren zu hören.

Meister Lüdi hatte mir eine kleine Wohnung besorgt, sehr sauber und aufgeräumt. Sie lag im Souterrain des Hauses der Vermieterin, eine Tür ging auf den steil abfallenden Garten hinaus. Eigentlich handelte es sich um einen Wohnraum mit einem Badezimmer und einer Essecke. Ganze dreihundertfünfzig Franken verlangte meine Zim-

merwirtin für die Wohnung, was fast die Hälfte meines Verdienstes von achthundert Franken war, die mir mein Chef zahlte. Ich dachte nicht länger darüber nach – ich war in St. Moritz, das allein zählte.

Kaum angekommen, hatte Herr Lüdi es sehr eilig. Er wollte sofort mit mir in den Salon gehen, ohne dass wir noch mehr Zeit verlören. Es war nicht weit bis zu meiner zukünftigen Arbeitsstelle.

Nachdem mich alle bestaunt hatten, spürte ich, dass etwas Unausgesprochenes in der Luft lag. Etwas stimmte nicht mit mir. Mit meinem Namen, genauer gesagt. Es klang alles andere als nett, wie sie ihn aussprachen. »Ühdöh.« Meister Lüdi rieb sich das Kinn, sah mich an, schaute zum Fenster hinaus und legte dann seine Hand auf meinen Kopf. Es wurde sofort still.

»Boris«, sagte er. »Du bist Monsieur Boris.«

Damit war ich für St. Moritz getauft. Und ich fing an zu arbeiten.

Meine Aufgaben waren mit dem, was ich kannte, nur teilweise zu vergleichen. Das Frisieren war mir vertraut, aber dass die eigentliche Arbeit erst losging, nachdem der Salon seine Türen geschlossen hatte, war eine völlig neue Erfahrung. Nach Feierabend warteten offenbar in allen Hotels und Ferienhäusern Frauen auf neue Frisuren, und zwar zu jeder Tageszeit.

Nach wenigen Tagen wusste der ganze Ort, dass ein neuer Friseur angekommen war. Ein junger Deutscher, Monsieur Boris. Was sie sich über dieses Fabelwesen erzählten, weiß ich nicht, aber bald hatte ich kaum noch Zeit für eine Pause. Alle wollten zu Monsieur Boris.

Natürlich war ich überrascht über den Andrang, aber war ich nicht hierhergekommen, um genau so etwas zu erleben? Um zu erfahren, dass ich frisieren konnte, dass ich mit Lust mir Frauenkopf nach Frauenkopf vornahm, mich auf Kopfhöhe der Damen bückte und gemeinsam mit ihnen in den Spiegel schaute? Es war alles genauso, wie ich es erträumt hatte. Ich arbeitete, viel und leicht und mit Freude.

Das weltberühmte Palace Hotel und sein Friseursalon in den Sechzigerjahren.

Bald hatte ich Freunde. Der Salon Lüdi lag direkt neben dem Palace Hotel, dem vielleicht berühmtesten Grandhotel am Platze. Zumindest war es das Haus mit den skandalträchtigsten Gästen. Wie jedes Hotel der Spitzenklasse hatte das Palace seinen eigenen Salon, und mit diesen Kollegen hockte ich bald jeden Abend zusammen.

Eines Tages luden sie mich ein, ob ich ihnen nicht abends beim Frisieren helfen wolle. Paola von Belgien sei zu Gast, ein gewisser Gunter Sachs sei da, noch mehr Namen fielen. Inzwischen hatte sich herumgesprochen, dass ich Hochsteckfrisuren gut konnte.

An diesem Abend verbuchte ich große Erfolge. Begeistert zeigten sich die Damen gegenseitig, was ich mit ihren Haaren angestellt hatte, und mein Name verbreitete sich wie von Zauberhand. Monsieur Boris, raunte es an dem Abend überall, Monsieur Boris ...

Von diesem Tag an wechselte ich jeden Tag zwischen dem Salon Lüdi und dem Palace Hotel hin und her, hier arbeitete ich tagsüber, dort abends, Ende offen. Besonders gefragt waren meine Hochsteckfrisuren, die mir leicht von der Hand gingen. Zu jeder Tages- und Nachtzeit ...

Mit Paul Anka verbindet sich ein nächstes Kapitel meiner Zeit im Unterengadin. Der kanadische Sänger, kaum älter als ich, vereinte alles auf sich, was Frauen schwach werden ließ, ein schmelzendes Timbre, eine adrette Figur, einen schmachtenden Blick. Er sang »Diana« und »Put Your Head On My Shoulder«, und die Herzen flogen ihm zu. Zum Leidwesen der Damenwelt war er glücklich verheiratet, und seine Auserwählte war mit ihm nach St. Moritz gekommen. Ihr sollte ich die Haare machen, natürlich, und danach hatte ich sie zum Konzert ihres Gatten zu begleiten. Er hatte das so beschlossen, und so geschah es.

Man muss dazu wissen, dass ein Friseur damals ein einfacher Handwerker war. Es gab keinen einzigen »berühmten« Friseur in der ganzen Welt, das Wort Starfriseur war noch nicht erfunden worden, die

Gesellschaft teilte sich noch sehr säuberlich auf in die, die dazugehörten, und in die sie umgebenden Zuarbeiter. Friseure waren Gehilfen, nach getaner Arbeit verschwanden sie unauffällig hinter den Kulissen.

Und nun das: Ich, ein kaum achtzehnjähriger Friseur, begleitete Frau Anka, die Gattin eines Weltstars, im berühmtesten Hotel an ihren Tisch.

Marlene Dietrich.

Ich wusste nicht, wohin mit meinen Händen, so aufgeregt war ich. Ich hatte lange vor meinem Schrank gestanden, unentschlossen, nichts schien gut genug. Frau Anka nickte mir während des Konzerts andauernd begeistert zu, während ich schwitzte wie noch nie. Die Anzugjacke wurde mit jeder halben Stunde enger, mein Hemd war schon ganz nass. Ich hatte ein hautenges weißes Nyltesthemd gewählt, es machte schlank wie kein anderes, hatte aber den Nachteil, keine Luft durchzulassen. Der Schweiß rann nur so an mir herunter.

Ich hatte das Gefühl zu implodieren. All diese beeindruckenden Damen um mich herum, mit Garderoben wie im Traum, Stoffen, die glänzten, matt changierten, den Körper umspielten oder ihn steif versteckten, ganz nach den Wünschen der Couturiers, die beeindruckenden Dekolletés, von Wolken feinsten Parfums umgeben, die mich um den letzten klaren Gedanken brachten. Das Glas Champagner, das ich ganz zu Beginn getrunken hatte, ohne einen Bissen zu mir zu nehmen – ich hatte mich nicht getraut, ich hatte mich nicht bewegen können, war wie gelähmt gewesen –, tat seine Wirkung, als hätte ich die ganze Flasche hinuntergekippt. Der Abend geriet mir zum Fiasko.

Irgendwann flüchtete ich in die Nacht. Unerfahren wie ich war, dachte ich damals ernsthaft, dass man mich suchen würde und ich etwas erklären müsste.

Ich irrte umher, kopflos, wie auf der Flucht, bis ich in meinem Zimmer landete. Hier lag ich wütend auf meinem Bett und starrte die Wand an.

Mein ganzes Selbstvertrauen war in sich zusammengestürzt. Alle lachten und tanzten und unterhielten sich, nur ich hatte versagt. Nur ich war schüchtern. Offenbar gehörte ich einfach nicht dazu. Offenbar war ich noch nicht so weit, um mitzumachen.

Ich haderte heftig mit mir. Am nächsten Tag ging ich wieder arbeiten. Keiner sah mich komisch an.

Silvester begleitete ich Marlene Dietrich. Am Nachmittag wusch ich ihr die Haare, drehte sie auf und frisierte sie. Sie lud mich ein, mit ihr und ihren Freunden den Abend zu verbringen.

Im César traf sich nur der allerengste Zirkel der Berühmten und Schönen. In dieser Bar war unser Treffpunkt. Marlene trug einen handbreiten Minirock im Schottenkaro, schwarze Strümpfe und eine keilförmige Schottenmütze mit roter Bommel.

Ihre Tochter kümmerte sich mit Nachdruck um mich, aber ich blieb steif und reserviert. Ich trank einen einzigen Gin Tonic an diesem Abend. Irgendwann zog die Gesellschaft weiter, ohne mich.

Nach einiger Zeit stellte das Barmädchen einen Drink vor mich hin. Ein Gast hätte mich eingeladen. Ich kannte das Mädchen, wir Friseure schnitten allen Barleuten die Haare umsonst, dafür luden sie uns manchmal im Gegenzug ein. Ich fragte sie, von wem der Drink käme.

Sie deutete in eine dunkle Ecke. Ich konnte das Gesicht des Mannes nicht erkennen.

Ich schüttelte den Kopf. Ich will den Drink nicht, sagte ich.

Doch, ich solle ihn nehmen, sagte sie. Ich floh aus der Bar, flüchtete in mein Zimmer und schlief sehr lange. Rock Hudson, war das nicht ein Schauspieler? Das Mädchen hatte diesen Namen genannt.

Einerseits wundere ich mich heute – ich war mit Marlene Dietrich und Rock Hudson in einer Bar in St. Moritz gewesen, alle Welt feierte Silvester, und alles war wunderbar. Hätte es sein können. Alle waren freundlich zu mir, mochten mich, wollten mir einen schönen Abend bereiten, ich aber konnte nicht mitmachen. Was war los mit mir?

Trotz meiner Qualen – ich hätte auch heute größtes Verständnis für jeden, der sich so verhielte. Ich war dieses ganze Leben nicht gewohnt, ich gehörte einfach nicht dazu. Ich war überfordert, wusste aber keinen Ausweg. Heute weiß ich: Ein Abend mit berühmten Menschen ist nicht anders als ein normaler Abend. Er kann gut sein, er kann schlecht, langweilig oder unterhaltsam verlaufen. Wie jeder andere Abend auch. Man muss sich sicher fühlen, mit sich im Reinen sein, man muss locker sein. Dann ist es egal, wo und mit wem man zusammensitzt.

Noch über ein Jahr lang war ich in St. Moritz und frisierte, im Frühling, im Sommer, im Herbst und im Winter. Wenn mich Damen auf ihr Hotelzimmer riefen, stand ich bald darauf vor der Tür, das Köfferchen mit den Frisierutensilien in der Hand. Zu jeder Tageszeit. Manche machten mir im offenen Pelzmantel die Tür auf.

Ich war noch sehr unschuldig damals. Ich verstand nicht, was los war. Ich lernte wichtige Frauen kennen, auch Männer, und machte gar nichts daraus. Ich haderte mit mir, weil ich spürte, wie ich mich verweigerte. Aber ich konnte nicht anders.

Gunter Sachs residierte auf einer ganzen Etage im Turm des Palace Hotels, mit Verstand und Geld kaufte er sich alles an moderner Kunst, was gerade angesagt war. Roy Lichtenstein stattete ein ganzes Zimmer als Auftragsarbeit aus, Andy Warhol war da und die eine oder andere Frau natürlich. Nach Soraya und anderen Eroberungen tauchte eine gewisse Brigitte Bardot auf, die Sachs' Seite schmückte.

Zu Silvester fand eine große Party statt. Pünktlich um Mitternacht wurde ein Klavier aus dem Fenster geschmissen, vermutlich wollte man mit den Klängen das alte Jahr verabschieden oder das neue begrüßen. Oder beides. Jetzt machten sich alle über Würstchen und Kartoffelsalat her, aber wieder einmal traute ich mich nicht zuzugreifen.

Es reichte. Ich hatte vieles erlebt, einiges nicht verstanden und doch allerhand gelernt. Voller Ambitionen war ich in die Berge gekommen; gestärkt und irritiert zugleich verließ ich den mythischen Ort. Ich hatte Heimweh.

C 1940 D

Brigitte

Mode:
Für jeden Typ für jedes Alter

23. Juni 1964 · 90 Pfennig
13 Österreich: S 7.–
Italien: L. 170.–
Schweiz: sfr 1.10

Brigitte

Machen Sie mehr aus Ihrer Wohnung!

Brigitte

Mode für Wind und Wetter
Sonderteil: Die besten Köche Europas verraten ihre Geheimnisse
Wieviel Freizeit brauchen grosse Töchter?

Brigitte

In diesem Frühling sind Sie natürlich schön!

Brigitte

Die neue **Mode**

Brigitte

DAS BUNTE WEIHNACHTSHEFT

Brigitte

Ein Fotomodell wird gemacht

Grosses Traum-ABC:
Deuten Sie Ihre Träume

Brigitte

DIE SCHÖNSTEN KOSTÜME FÜR FASCHING UND KARNEVAL

Brigitte

Neu jetzt in jedem Heft:
Brigittes Modellschnitt in Originalgröße

EXTRA! GRATIS!

Brigitte

Sommerfrisuren! Sommerkleider!

Extra: Der schnelle Schnitt in Originalgröße

Brigitte

Das Ferienschönheitsheft

Brigitte

Ihr Sommerkleid, in **Paris** entworfen, von Ihnen genäht!

Brigitte MODE

Die neue Linie ✦
Die neuen Schnitte
...und ein originalgroßer Modellschnitt!

Brigitte

Das grosse **Modeheft**

Brigitt

Mode für Sonne und Strand

Sonderteil: Hübsch gedeckte Tische

Brigitte

60 Seiten Mode
Jersey für alle Sommertage

Brigitt

Wie kurz darf Ihr Rock sein?
Ausländer über deutsche Mädchen

Brigitte

Die neue Mode
–die neuen Schnitte

Brigitte

Mode & Schönheit

Brigitte

100 Kleider unter 100 Mark
Sonderteil: Die schöne Haut

Brigitte

Die neuen Mäntel

Neue Serie von Ursula Lebert:
Die gute Ehe

Brigitte

Haarkuren
Haarteile
Haartönung und...
Alles für Ihr Haar!

Brigitte

Das festliche H

Brigitte
Süß anzusehen
● leicht ●
nachzuschneidern
● für's ●
wenig Geld!
DIE
PERFEKTE
FERIEN-
GARDEROBE

Brigitte
SOMMER!
Kleider, die alle
Männer mögen
URLAUB!
Wer will die Flit-
was wird daraus?
FERIEN!
Souvenirs
zum Selber-
machen

Brigitte
DIE
MODE
FÜR
HERBST
UND
WINTER

Brigitte
40
schicke
Strick-
modelle

Brigitte
Die
perfekte
Gastgeberin

Brigitte
NEU!
GRATIS!
EXTRA!
BRIGITTES
MODELL-
SCHNITT IN
ORIGINAL-
GRÖSSE

Brigitte
Zum Herausnehmen in Originalgröße
BRIGITTES SCHNELLER SCHNITT
50
SEITEN:
DIE
NEUE
MODE
EINMALIG!
DAS REGAL ZUM
SELBERBAUEN
NEU!
STAMM-
TISCH

Brigitte
Extra!
Brigittes
Schneller
Schnitt
in Original-
grösse
HÜBSCHE
KLEIDER
AUS NEUEN STOFFEN

Brigitte
Dieses Heft
macht
Sie schick
für den
Sommer
Die
ideale
Feriengarderobe

Brigitte
Neu:
Frisuren
im
Brigitte-
Stil
Die
neue
Bademode

Brigitte
zum Selbermachen:
Neun schicke
Morgenröcke
NEUE SERIE:
EIN KIND
KOMMT
AUF
DIE WELT
EXTRA:
Der Schnelle
Schnitt
in
Originalgröße

Brigitte
Die schönsten
neuen Mäntel
Sonderteil:
Gestrickt
&
gehäkelt
Diesen Mantel
können Sie
selbst machen
Extra: Brigittes Schneller Schnitt in Originalgröße

Brigitte
Weihnachts-
geschenke
wie noch
nie!
Zum Kaufen
und zum
Selber-
machen
Diesen Muff können
Sie selbermachen

Brigitte
Toll !!!
Toll !!
Toll !
Die
schönsten
Kostüme
für
Fasching
und
Karneval
Brigitte vom 4. Januar 1966
1

Brigitte
Die
neuen
Mäntel
und
Kostüme
Sonderteil:
Strick- u. Häkelmode

Brigitte
Das festliche Heft

Brigitte
DIE
NEUE
MODE

Brigitte
Ihre neue
Feriengarderobe

Brigitte
Sportlich
in Samt
und
Seide
Alles
zum Selbermachen

Brigitte
... viele schöne
Sommersachen
zum Kaufen und zum Selbermachen

Brigitte
Das große Modeheft

Brigitte
Sonderteil:
Zeit
sparen
Geld
sparen
●
Was
Männer ihnen
Frauen
verschweigen

2 IN DIE WEITE WELT
Jung und schick (nicht »chic«)

Berlin-Tegel, 7.30 Uhr morgens. Männer in Anzügen warten vor dem Kontrollschalter der Pan Am, zeigen ihre Bordkarte vor, bevor sie das Flughafengebäude verlassen und auf dem Rollfeld zu der wartenden Maschine hinüberlaufen. Einige wenige Frauen. Nach hundert Metern bildet sich eine Schlange am Fuß der Treppe. Oben am Einstieg in das Flugzeug begrüßen Stewardessen die Passagiere ausgesprochen freundlich. Man kennt sich, viele sind häufig auf der Strecke Berlin–Hamburg unterwegs.

Die Morgenmaschine nach Hamburg und die Abendmaschine nach Berlin zurück waren für viele Jahre ein vertrauter Ort für mich. Abflug 8 Uhr, Landung Hamburg-Fuhlsbüttel 8.25 Uhr, mit dem Taxi in die Stadt zum Studio von F.C. Gundlach am Heiligengeistfeld, Stadtteil Karolinenviertel-St. Pauli, um 9.30 Uhr Arbeitsbeginn. 18 Uhr Rückflug, wieder bekannte Gesichter vom Morgen.

Kennen Sie das? Der Fahrplan für den Tag steht fest, alles ist perfekt abgestimmt, unaufgeregt, ein Fahrplan eben – aber in dir drin fühlt es sich ganz anders an. Der Fotograf will mit dir arbeiten, die Redaktion zahlt dir kein schlechtes Honorar, und du hast unbändige Lust loszulegen. Du kannst es kaum erwarten, bis der Taxifahrer dir die Quittung in die Hand drückt: Jetzt beginnt die Arbeit. Natürlich ist es Arbeit, sehr anspruchsvolle sogar, aber du bist in deinem Element, weißt, was zu tun ist, und hast einen vollkommen unfahrplanmäßi-

In Spitzenzeiten erschien die »Brigitte« in einer Auflage von 1,7 Millionen Exemplaren. Ich frisierte die Models für circa hundert Titelfotos.

gen Blick auf alles. Auf die Mädchen, auf ihre Haare, auf das, was dir die Redakteurin sagt, auf die Arbeit im Studio.

Ich war in der Welt angekommen, in die ich hineingewollt hatte. Jetzt wusste ich es.

Die Aufträge außerhalb meines Salons nahmen bald einen erheblichen Teil meiner Arbeit ein. Was mit Rico Puhlmann und Gloria begonnen hatte, war erst der Anfang. Die Frauenzeitschriften brauchten immer neue Fotos, die Modehäuser kümmerten sich stärker um eine auffällige optische Präsentation ihrer Produkte, für Modenschauen, Messen, Ausstellungen waren Models, Requisiteure, Visagisten gefragt – und gute Friseure.

Die Frauenzeitschrift Brigitte stieg in wenigen Jahren zum meinungsbildenden Medium in Sachen Mode, Eleganz und natürlichem Aussehen auf. Die rasanten Veränderungen in der Mode fanden in diesem Blatt einen Widerhall, der Frauen landauf, landab zeigte, wie sie schön sein konnten: sportlich, weiblich, ohne dass es unbezahlbar oder überkandidelt gewesen wäre. Sie traf den Ton einer breiten Mehrheit, die modebewusst war, ohne glamouröse Ambitionen, preisbewusst, ohne jede Mark sparen zu müssen, und stilbewusst. Frauen, die genau wussten, was ihnen stand, womit sie überraschen und elegant sein konnten, ohne Kopfschütteln hervorzurufen. Diese Frauen entwickelten nun ein ausgeprägtes Selbstbewusstsein.

Beim Durchblättern der alten Ausgaben spüre ich sofort wieder, was für eine ungeheure Spannung in den Sechzigerjahren in der Luft lag. Die klassische Mode war französisch und teuer (»Haute« Couture), exquisite Stoffe und extravagante Schnitte kleideten die Dame zu gediegenen Abendanlässen. Wie bitte? Selbst Frauen in Hamburg und Düsseldorf blätterten solche Seiten durch, ohne dass es etwas mit ihrem Alltag zu tun gehabt hätte. Was mochten sich erst die jungen Mütter und Hausfrauen von Flensburg bis Berchtesgaden denken?

Die Modevorgaben purzelten so extrem durcheinander wie seither

nicht wieder. Durfte man Anfang der Sechziger kaum die Wade zeigen, konnten sechs Jahre später die Röcke nicht kurz genug sein. Das hätte einen schon durcheinanderbringen können ohne eine Freundin wie die Brigitte. Ihr Erfolg bestand darin, den Frauen zu zeigen, wie sie die modischen Neuerungen für sich umsetzen konnten.

»Mode – für jeden Typ, für jedes Alter«, lautete die Headline eines Heftes damals. Vorgestellt wurde Kleidung, die »jung und schick (nicht ›chic‹!), lässig und bequem war«, man konnte sie »kaufen oder selber machen, sie war erschwinglich und vielseitig kombinierbar«, wie es die verantwortliche Redakteurin Barbara Buffa umreißt.

Sehe ich mir heute die Titelbilder an, kann ich mich fast an jede Aufnahmesituation ganz genau erinnern. An die Models, an die Frisuren, an die Aufgaben. Ich mochte dieses spontane, punktgenaue, ganz dem Moment verpflichtete Arbeiten. Da waren die Vorstellungen der

Das Erfolgstrio früherer Zeiten trifft sich auch heute noch: Gloria, F. C. Gundlach und ich.

81

Titelredakteurin, das Thema des Heftes, das Gesicht des Models, seine Haare, die Haarfarbe – daraus musste jetzt etwas entstehen. Ich konnte mich auf meine Intuition verlassen. Ich habe eine schnelle Auffassungsgabe. Mit wenigen Handgriffen prüfte ich, ob es so funktionierte, wie ich es mir dachte, danach konnten wir überlegen, ob es noch besser ging. Wir probierten immer verschiedene Varianten, bis wir das richtige Bild hatten.

Viele Jahre war ich fest gebucht, ich schätze, dass ich annähernd hundert Titel für die Brigitte gemacht habe. Stellen Sie sich diesen Stapel an Heften vor! Und das war bloß ein Teil meiner Arbeit. Davor schon hatte ich für die Berliner-Modehefte frisiert, für Constanze, später kamen viele andere deutsche und französische oder amerikanische und Schweizer Zeitschriften dazu, Petra, Für Sie, Elle, Vogue, Annabelle.

In der Petra gab es die Rubrik »Schnitt des Monats«. Das mochte ich sehr: zeigen, wie man mit einem Schnitt vier, fünf Frisuren zaubern kann. Ist das nicht die eigentliche Kunst des Friseurs? Hier sind Handwerk und Technik gefragt. Das Ergebnis ist ein kreativer Höhepunkt an Verwandlungsmöglichkeiten.

Gern locken wir die Damenwelt alle drei Wochen zu uns auf den Friseurstuhl und zaubern ihnen am liebsten eine ganz neue Landschaft auf den Kopf, auf dass sie der Männerwelt denselben mindestens so kunstvoll verdrehen. Genauso schön erscheint es mir, einer Frau zu zeigen, was sie mit etwas Geschick und Fantasie vor dem eigenen Spiegel selber alles machen kann, um ihren Helden zu überraschen. Und auch sich selbst! Ist das nicht sogar viel wichtiger?

Alle Männer lieben es, sich verführen zu lassen. Ich kenne keine Frau, die mit diesem Reiz nicht zu spielen verstünde. So weit es in meiner Macht steht, trage ich gern meinen Teil dazu bei ...

Friseure und Frauen ziehen da absolut an einem Strang. Wer das anders sieht, muss im Vatikan Friseur werden.

Ein anderes Mal stellte ich für die Für Sie eine Serie von zwanzig Frisuren zusammen: »Machen Sie das Beste aus Ihrem Typ.« Hier und bei vielen ähnlichen Fotostrecken plauderte ich oft aus dem Nähkästchen. Je stärker wir eine Frau machen, umso vertrauensvoller begegnet sie uns bei ihrem nächsten Termin im Salon.

Mit dieser Einstellung arbeitete ich entspannt mit den Mädchen zusammen, die als Fotomodell bei den Produktionen im Zentrum standen. Mit Gloria hatte ich gleich am Anfang eins der gefragtesten Models getroffen. Sie ragte in jeder Hinsicht heraus. Das galt für ihre Gardemaße wie für ihre Schönheit: 1,84 Meter groß, eine so hoch aufgeschossene Frau war damals der Hingucker schlechthin, und dann noch schlank, blond, kühl, betörend. Das galt für ihre Disziplin – vorbildlich deutsch eben; »Preußens Gloria« nannte ein Journalist sie, ein Etikett wie eine Medaille. Und es galt für ihre Connections. Bestens eingebunden in die Pariser und New Yorker Szene, öffnete sie mir manche Tür, gerade auch über deutsche Grenzen hinaus.

Diese Schönheiten waren eine Welt für sich. Allein die Namen! Verheißungen wie aus Tausendundeiner Nacht: Gloria, Bambi, Beschka, Gitta, Grit, Püppi, Candy, Micky oder Dovima, nicht zu vergessen die urdeutschen Namen, viel schöner sogar, wie ich finde: Wilhelmina, Hildegard, Ingeborg. Eine Frau aparter als die andere.

Natürlich waren sie eitel, was denn sonst! Es ging schließlich um ihr Aussehen, das war ihr Kapital, und die Konkurrenz war hart. Ich kämpfte niemals gegen sie an, wozu denn, ich wollte uns allen das Leben leichter machen. Also frisierte ich sie so, wie sie es wollten, und setzte dabei meine eigene Handschrift, ohne es groß zu erwähnen. Und jede freute sich darüber.

Sie wollten ernst genommen werden. Sie wollten, dass man sie stark machte. Sie wollten vor der Kamera strahlen. Niemand sollte meinen, das sei ein einfacher Job.

Graziela Preiser:
Zuhören, schweigen

Wenn ich mir heute Fotos von damals ansehe, bin ich fasziniert, wie unbeschreiblich gut Udo aussah. Mit Bart, ohne Bart, er veränderte sich immer wieder. Er hat eine tolle Ausstrahlung, finde ich. Männlich, gelassen, souverän.

Aber ich erlebte auch den kleinen Jungen in ihm, der trotzig ist, zickig. Udo konnte richtig sauer werden. Auf Guadeloupe kamen wir einmal nach fünfundzwanzig Stunden Anreise in unserem Hotel an. Durch einen Fehler waren wir erst für den nächsten Tag gebucht. »No rooms, Sir!«

Ich flieg sofort wieder zurück, erklärte Udo empört. Er meinte es ernst. Die Models saßen auf ihren Koffern in der Hotellobby, überall lag Fotoequipment herum, Gepäck stapelte sich, alle waren restlos erschöpft. Nur Udo war hellwach und beleidigt. Er wollte weg. Solche Situationen konnte er überhaupt nicht vertragen.

Was tun? Mit dem Mut der Verzweiflung verzog ich mich hinter ein paar Grünpflanzen und packte meinen Koffer aus. Kurz darauf kam ich im großen Abendkleid zurück und hab Rabatz gemacht. Ich wollte nicht wie eine erschöpfte Touristin aussehen, sondern einen selbstbewussten Auftritt hinlegen. Schluss mit dem Rumgemeckere von allen Seiten.

Die Models und Udo glaubten vermutlich zu träumen, als sie mich in Richtung Rezeption vorbeirauschen sahen. Zehn Minuten später stellte

Angesagte Musiker zu Besuch in meinem Salon.

uns der Direktor ein anderes Hotel zur Verfügung. Einen Pracht-schuppen, der allerdings leer stand. Man stellte extra Personal für uns ab, und alles war gut. So schön haben wir nie wieder gewohnt.

Ich fürchte, Udo erinnert sich an einige solche Situationen mit mir, wo Unvorhergesehenes passierte. Einmal saßen wir auf den Bahamas fest, es regnete und regnete. Ans Arbeiten war nicht zu denken. Ich wollte ständig woandershin und kündigte die Abreise an. Udo fragte jeden Morgen: Packen oder nicht packen? Er fand das anstrengend. War's ja auch.

Wir waren von Ende der Sechziger- bis in die Achtzigerjahre hinein wirklich dauernd zusammen unterwegs. Situationen, in denen es knirschte, waren die ganz große Ausnahme. Wir hatten ja ein Projekt, wie man sich das heute gar nicht mehr vorstellen kann: Die Brigitte hatte damals eine Spitzenauflage von 1,7 Millionen Exemplaren alle vierzehn Tage! F. C. Gundlach als Fotograf, Udo, der die Models frisierte, die Modechefin und ich als Titelredakteurin besaßen eine präzise Vorstellung von dem, was wir wollten. Wir alle im Team waren wie geimpft. Es war irre. Und es hat funktioniert. Wir wussten ganz genau, was für das Heft wichtig war und stimmte oder nicht stimmte.

Bei mir gehörte es zum Job, alle bei Laune zu halten. Udo ist ein Naturtalent darin, bei der Arbeit gute Stimmung zu verbreiten. Er strahlt Gelassenheit aus, das überträgt sich auf alle. Die Mädchen haben sich bei ihm wohlgefühlt. Sein großer Vorteil ist, dass er sich alles erzählen lässt und zuhört und nichts weitererzählt. Das schafft Vertrauen und lässt Nähe entstehen.

Manche Fotoproduktionen dauerten acht oder zehn Tage. Das Team war wie eine große Familie, und am Schluss war es auch so, als ob eine Familie auseinandergeht.

Die Coverfotos für die Brigitte wurden in der Regel bei F. C. Gundlach in seinem Hamburger Studio aufgenommen, oft waren wir aber auch in New York. Ich brachte Ideen für vielleicht zwei oder drei Cover mit. Das Material hatte ich mir zusammengestellt, und dann haben wir gemeinsam überlegt, wie wir es machen wollen. Es gibt ja nicht unendlich viele Möglichkeiten, was man mit Haaren anstellen kann. Mal haben wir ein Schleifchen eingebunden oder eine Spange eingesetzt, oder wir probierten zur Abwechslung irgendetwas Verrücktes.

Udo war immer sehr schnell. Ich bin sehr ungeduldig, das hat gut gepasst. Ohne lange herumzutüdeln, hat er etwas versucht, und falls notwendig, auch schnell wieder geändert. Vier oder fünf Titelversuche an einem Tag waren üblich, und wenn es möglich war, haben wir mit verschiedenen Modellen dieselbe Sache gemacht und herumgespielt, bis alles perfekt war.

Shootings in New York waren dafür ideal. Man konnte jede Stunde ein neues Model nehmen, außerdem gab es hier die besseren Models. Nur die Zustände in der Stadt waren schrecklich damals. Ich schob nachts immer die Schränke vor die Tür, weil ich Angst hatte, jeden Moment ermordet zu werden. Meine Fantasie ging da mit mir durch. Und ständig wurde einem etwas geklaut.

Nur Udo, der bei Frisuren so unendlich viel Fantasie hat, konnte nichts aus der Fassung bringen. Er blieb immer ruhig und strahlte Sicherheit aus. Ich glaube, er konnte meine Angst gar nicht nachvollziehen.

Über Stock und Stein

Anstatt nachzudenken, wo ich überall herumgekommen bin, wäre es einfacher zu fragen, wo ich in meinem Leben noch niemals gewesen bin. Wir flogen für Fotoproduktionen nach Italien, Spanien, auf die Kanarischen Inseln, nach Madeira. In Afrika waren Ägypten, Marokko, Tunesien mit Djerba, natürlich Kenia, Tansania, Senegal häufig gebuchte Ziele. Die gesamte Karibik, Mexiko, Südamerika. New York. Island. Rom. Madrid. Wien. Lissabon.

Es begann die große Zeit der Außenaufnahmen. Um eine berühmt gewordene Fotostrecke für die Brigitte gab es Streit, einen exemplarischen Streit. 1966 war ein Team um F.C. Gundlach drei Wochen in Ägypten und Kenia unterwegs gewesen, hundert Seiten für mehrere Ausgaben der Zeitschrift waren dabei herausgekommen. Mode und Models wurden in einen fremden Kontext gestellt, die Inszenierung sprengte den Rahmen üblicher Präsentationen. Modefotografie ging in eine noch nicht da gewesene, neue Form von Reportage über, die nicht allen Redakteuren gefiel. Am Ende erschienen immerhin zwei Dutzend Seiten unter dem Titel »Den ganzen Tag am Strand«. Aufzuhalten war die wachsende Attraktivität von exotischen Locations nicht mehr.

F.C. Gundlach war als Fotograf zu gut und zu anspruchsvoll, um die Grenzen seiner Arbeit nicht immer wieder ausloten zu wollen. Eine andere Neuerung, die er zu seinem Markenzeichen machte, waren bewegte Motive. Die Models sprangen und liefen am Strand entlang, sie saßen auf Vespas und krochen auf Bäume. Der Wind blies. Meine Frisuren mussten das aushalten, was bestimmte Formen unmöglich machte. Aber es passte gut zu meinen eigenen Vorlieben, schlicht, natürlich, nichts Aufgedonnertes.

Revolutionen, wohin man blickte. Ein neues Frauenbild, neue Mode, ganz neu in Szene gesetzt, von mir natürlich perfekte Frisuren – es fehlte nur noch ein ganz spezielles Licht, wie es nur morgens um sieben Uhr in Kenia am Meer oder im tropischen Klima der Karibik, nachmittags unter Tropenwaldblättern, zu finden ist. Hatte die Redaktion entschieden, welche atmosphärische Grundfärbung man der Mode der kommenden Saison geben wollte, fuhr ein kleines Location-Team tagelang durch den Busch und kroch über Stock und Stein, um einen unberührten Strand, ein romantisch verfallenes Bauwerk oder ein anderes starkes Bildmotiv zu finden. Am nächsten Morgen wurde das gesamte Team durch die Landschaft gescheucht.

Manchmal war es so heiß, dass wir uns mit einem Stuhl ins Meer setzten. Oder es flogen so viele Moskitos herum, dass man lieber seinen Mund hielt. Das Location-Team strengte sich jeden Tag aufs Neue an, für alle sichtbar unter Beweis zu stellen, wie findig sie waren. Der Tiefpunkt hautnaher Exotik war erreicht, als wir in Marrakesch einmal direkt neben einer Latrine, die sich regen Zuspruchs erfreute, fotografierten. Eine Tortur für meine empfindliche Nase.

Ich ertappte mich dabei, wie ich manchmal etwas bescheidener, schwäbischer dachte. Könnte man nicht vielleicht einfach ... vor dieser malerisch abbröckelnden Wand neben der Hoteleinfahrt ... am originellen Pool des Hotels ... unter den Sonnenschirmen hier am Strand ...? Not my business.

Auf den Bahamas hatten wir einmal Pech. Man denkt, wow, die Sonne, das Licht, die Farben, aber als wir ankamen, regnete es *cats and dogs*. Keine Besserung in Sicht. F. C. Gundlach baute schließlich auf der überdachten Terrasse seine Kamera auf und fotografierte mit

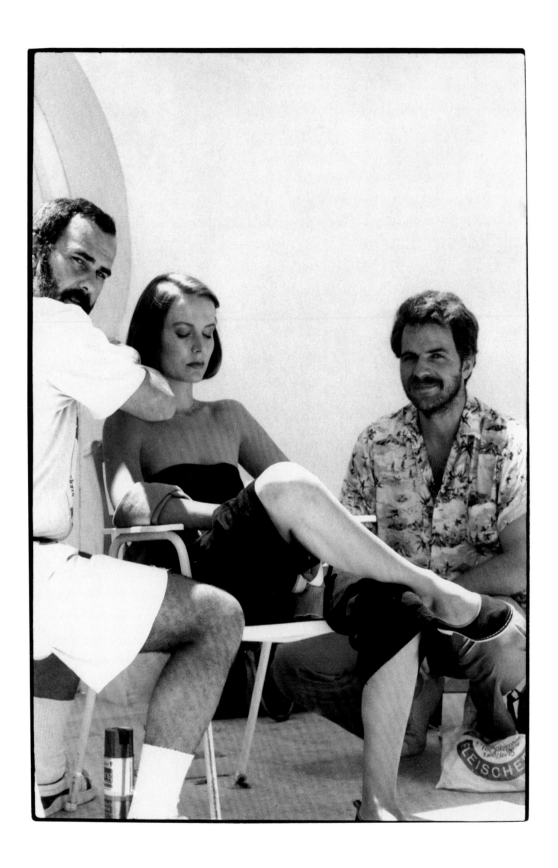

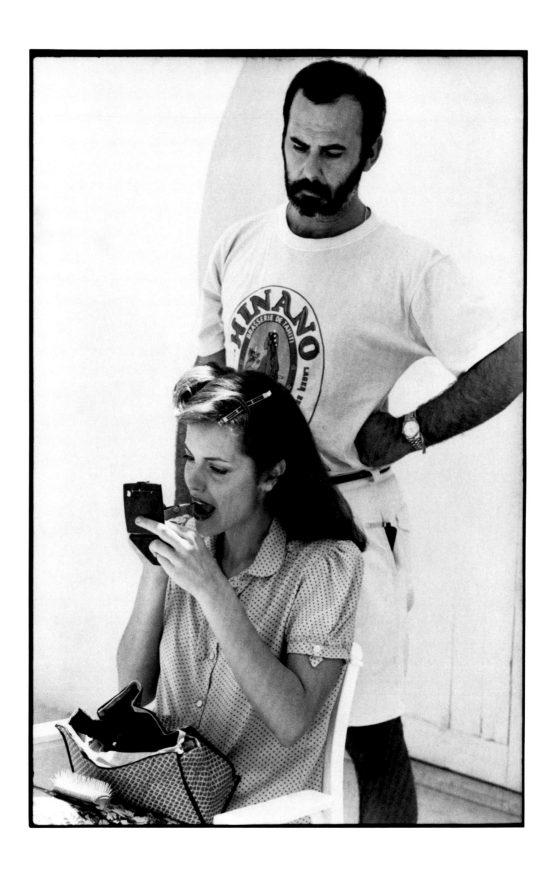

Blitz. Wer nicht dabei war, sah es den Aufnahmen nicht an – sie wirkten sogar richtig sommerlich.

Abends fanden die Partys statt, am Pool, am Strand, zur Not auf dem Hotelflur oder in einem Zimmer. Nach ein paar Tagen waren alle eine große Familie. Und wie in einer Familie hatte jeder schnell seine Rolle weg, als Organisator, Spaßmacher, Scharfmacher, Meckerer, Betriebsnudel, Küken, Femme fatale, abgebrühter Besen oder leidendes Sensibelchen, was auch immer. Hauptsache, der Spaß kam nicht zu kurz.

Ich erinnere mich an eine Nacht in Athen. Wir hatten mit unseren griechischen Begleitern in der Plaka einen lustigen Abend verbracht, vor fünf Uhr war niemand im Bett gewesen. Um sieben war Treffpunkt am Bus. Ein Mädchen nach dem anderen kam mit nassen Haaren herbeigeschlichen, sie hatten es gerade noch in die Dusche und rechtzeitig wieder heraus geschafft. Jetzt war mehr ein Künstler als ein Friseur gefragt! Im schaukelnden Bus zauberte ich kühne Nassfrisuren, und alle waren begeistert. Abends gingen wir brav ganz früh schlafen.

Im Winter reisten wir, um die Sommerkollektion zu fotografieren, und umgekehrt. Viele Jahre frisierte ich die Models für den Katalog von Otto Apart, das höherpreisige, besonders modebewusste Label des Hauses Otto. Dafür waren wir sogar viermal jährlich unterwegs, immer mit den zehn, zwanzig schönsten Models aus New York, immer mit den besten Fotografen, immer in den schönsten Hotels, immer an wirklich tollen Locations. Lauter Superlative!

Hinter solchen Produktionen stand eine ausgefeilte Logistik. Schon für kleinere Modestrecken war das Team mit mindestens zwanzig Schrankkoffern unterwegs, mit Bügelbrett und Bügeleisen, Stativen und Scheinwerfern. Taxifahrer und die Hoteliers dachten oft, einen Zirkus vor sich zu haben. Waren wir ja auf eine bestimmte Weise auch: die Redakteurin, der Fotograf, sein Assistent, ein Produktions-

Zwei Aufnahmen unter der Sonne Djerbas: gelassene Frauen und lässige Männer vor und nach der Arbeit.

93

Zu allen Zeiten, an allen Orten, mit schnellen Handgriffen: die passende Hochsteckfrisur.

assistent, ich hatte manchmal auch noch einen Assistenten dabei, und dann die Models. Mein eigenes Gepäck verschwand in dem Haufen geradezu: ein Koffer für mein Werkzeug, einer für meine Klamotten.

Wenn ich überlege, mit wie vielen Menschen ich andauernd um die Welt tourte und wie perfekt alles funktionierte – ich finde, alle haben damals einen tollen Job gemacht. Die wenigen nervigen Situationen – geschenkt. Die Redakteurin, die fand, dass ein Scheitel zu tief sitzt, exakt zwei Zentimeter zu tief, nachdem sie schon zuvor an allem rumgemeckert hatte. Der Fotograf, der sich mit einem Model überworfen hatte und jetzt über mich mit der Dame zu kommunizieren gedachte. Sag ihr, sie soll ... Ohne mich. Da war selbst meine Geduld zu Ende.

Mode-Safari in Afrika, u. a. zusammen mit Wolfgang Joop.

Tolle Frauen

Das Rad drehte sich immer schneller. Udo Walz machte Coverfrisuren, Udo Walz frisierte überall auf der Welt, Udo Walz stand in seinem Salon hinter dem Frisierstuhl. Fehlte noch der große öffentliche Auftritt in Berlin. Zu den herausragendsten Veranstaltungen zählte damals wie heute die jährliche Funkausstellung. Es gab Jahre, wo in den Messehallen um den Funkturm ein regelrechter Hype losbrach, wenn ich neue Frisuren zeigte. Es musste wie am Schnürchen klappen, Hunderte Augen verfolgten jeden Handgriff. Und wieder Udo hier, Udo da, jetzt hätte sogar ich nervös werden können.

Oder das Großereignis Modenschauen. Die Mädchen saßen mitten in einem riesigen schwirrenden Bienenkasten, sie zu frisieren war eine gehobene Art der Fließbandarbeit. Eines Abends klingelte mein Handy. Es war nach zehn Uhr, ich saß mit Freunden zusammen in einer Kneipe und war müde. Thierry Mugler war am Apparat. In Berlin war Fashion-Show, alle Modeverantwortlichen schoben gewaltige Adrenalinberge vor sich her. Mugler war unzufrieden mit seinem Friseur. Es muss doch jemanden geben, der die Models so herrichtet, wie ich das möchte, bestürmte mich der Designstar.

Ich winkte ab. Gegen einen anderen Friseur ausgespielt zu werden gehört zu den Erfahrungen, um die ich mich wirklich nicht reiße. Ich hab keine Lust, sagte ich zu ihm, aber er ließ nicht locker.

Schließlich gab ich nach und fuhr zur Generalprobe der Show, die eine halbe Stunde später um elf Uhr stattfand. Mugler wollte volumi-

nöse Frisuren, *big hair*. Jeder Kopf sollte anders aussehen. Ich zeigte ihm mit wenigen Handgriffen, was ich mir vorstellte. »Great, exciting, let's do it!«, war seine Antwort.

Am nächsten Morgen präsentierte Thierry Mugler seine neue Kollektion, unter anderem mit den Top-Mannequins Veruschka von Lehndorff oder Carla Bruni. Als Mugler die Frisuren sah, die ich gemacht hatte, war er begeistert und wollte nicht glauben, dass ich in nur einer Stunde allen zwanzig Mannequins die Haare gerichtet hatte. So etwas hatte er noch nicht erlebt.

Ich war bekannt dafür, schnell zu sein. Übung macht den Meister, und inzwischen »übte« ich ja schon eine Weile. Oft werde ich gefragt, worin mein Geheimnis besteht. Was soll ich darauf antworten? Wieso

Claudia Schiffer ließ sich schon als 18-Jährige von mir frisieren (hier mit René Koch).

läuft Usain Bolt die hundert Meter schneller als jeder andere Mensch, warum fliegt keine so ästhetisch über die Stabhochsprunglatte wie Jelena Issinbajewa? Wodurch unterscheidet sich die Umrisslinie in einer Picasso-Zeichnung von einem gewöhnlichen Porträt?

Ein Erfolg zog den nächsten nach sich. Modenschauen für Jil Sander folgten, ich frisierte für Balmain, für Dior, für Oscar de la Renta. Jenseits des Atlantiks arbeitete ich bei Schauen in Los Angeles und New York, ebenso bei Werbeaufnahmen. Irving Penn fotografierte für L'Oréal, Richard Avedon für Helena Rubinstein. Zu einer bedeutenderen künstlerischen Zusammenarbeit konnte es nicht kommen.

Mit der Erinnerung an Richard Avedon ist eine tiefe Schmach für mich verbunden. Avedon galt in den Achtzigern vielen als der innovativste, wenn nicht beste Porträtfotograf. Nach einer der Sessions für Modeaufnahmen, bei denen ich an seiner Seite frisierte, hatte er mir einen Polaroidabzug geschenkt. Diesmal wurde ich für meinen unbekümmerten Umgang mit Dingen grausam bestraft. Ich Idiot lagerte das Bild falsch, es verblasste. Unverzeihlich!

In New York nahm ich an Castings teil, bei denen sich Models Modefirmen und Fotografen vorstellten. Nicht selten lagen hundertzwanzig Mappen auf dem Tisch, die zu sichten waren. Mit welcher Sorgfalt das geschah, kann man sich vorstellen. Die Mädchen taten mir leid, es ging für sie um alles oder nichts. Ein aufmerksamer Blick im richtigen Moment

Zwischen zwei Frauen mit Esprit und Schlagfertigkeit – Carla Bruni und Karen Mulder.

konnte für dieses eine Mal über Erfolg oder Misserfolg entscheiden. Ich habe ihnen allen die Daumen gedrückt. Mit manchen konnte ich mich hinterher freuen, andere drückte ich zum Trost kurz an meine Brust. Was für ein raues Metier.

Schon lange haben sich die Zeiten geändert. Die Zahl der Models ist rasant immer weiter gestiegen. Außenaufnahmen bei Modefotos sind längst die Ausnahme, wodurch viele Reisen entfallen. Heute wird fast nur noch in Fotostudios gearbeitet. Alle Zeitschriften haben mit Einbrüchen bei der Auflage zu kämpfen, die Konkurrenz ist immens. Das Geschäft ist ungleich härter als noch in den Siebzigern, Achtzigern.

Das gilt ebenso für Friseure. Es gilt für Fotografen, es gilt für Schauspieler, es gilt für Models. Wenn es nur um die Mode ginge, sagt Peter Lindbergh, einer der besten Modefotografen der letzten Jahre, sollte man Kleider vor einem weißen Hintergrund ablichten. Es gehe aber um die Frau: Ein gutes Modefoto ist ein treffendes Porträt einer tollen Frau.

Solche Modefotografien sind Kunstwerke. Und doch kann heute kein Model mehr so berühmt werden wie in den damaligen Goldgräberzeiten. Claudia Schiffer, Naomi Campbell, Linda Evangelista, in Deutschland später Nadja Auermann – was für großartige Frauen, die für eine ganze Branche standen. Namen, die sofort Bilder aufrufen. Das schafft heute keine mehr. Linda Evangelista ist für mich eine der Letzten, der es gelang, unverwechselbar, wandlungsfähig, einfach groß zu sein. Für mich war sie der Star schlechthin.

Gloria:
Sich schön fühlen

Als Udo mich das erste Mal frisierte, war ich berühmt, und er war ein Angestellter. Heute ist er berühmt, und mich kennt niemand mehr.

Er war schon damals gefragt wegen seiner tollen Ideen. Ich glaube, man hat das im Blut, das kann man nicht lernen. Man kann Schnitttechnik lernen, solche Dinge, aber für das Gesamtbild eines Kopfes und welche Frisur dazu passt, dafür muss man ein Auge haben.

Was Udo macht, hat etwas ausgesprochen Natürliches. Er schlug mir jedes Mal vor, was er machen wollte, und wenn ich einverstanden war, fing er an. Wenn mir die Frisur gefallen hat, habe ich mich selbst schöner gefühlt. Das drückt sich dann in den Fotos aus, die gemacht wurden. Er gibt einer Frau das Gefühl, sich schön zu fühlen. Das kann er perfekt.

Er hat den richtigen Griff. Wenn ich vor der Kamera saß, kam er mit seinen Händen und hat die Haare noch einmal exakt in Form gebracht. Diesen Griff in die Haare, den hat nur er. Es war eine echte Zusammenarbeit zwischen Model und Friseur.

Die Frauen fühlen sich wohl bei ihm, das ist das ganze Geheimnis. Und er behandelt alle gleich. Wenn jetzt hier eine berühmte Schauspielerin hereinkäme, würde er nie alle anderen links liegen lassen und einen Riesenaufstand machen. Er hat nie einen Unterschied gemacht, deshalb fühlen sich die Frauen gesehen. Er ist verbindlich.

Ganz im Gegensatz zu Alexandre etwa, dem großen Star der Sechziger-jahre. Es war das reinste Martyrium, von ihm frisiert zu werden. Alexan-dre de Paris, wie er sich ganz bescheiden nannte, war der angesagteste Friseur für alles, was schön und berühmt war. Wenn mich die Vogue – neben Harper's Bazaar das wichtigste Modemagazin damals – in Paris für Aufnahmen gebucht hatte, wurde ich immer von Alexandre frisiert. Ich hatte Angst davor, richtige Panik. Dieser arrogante Hund hat meine Haare ohne Rücksicht auf Verluste behandelt. Es war ihm vollkommen egal, ob sie kaputtgingen, wenn er sie zu heiß föhnte, mit Bürsten trak-tierte und an ihnen herumzerrte.

Das war extrem, aber eine solche Behandlung war keine Seltenheit. Man muss sich das in Erinnerung rufen, um zu verstehen, was bei Udo Walz anders war. Er war sich immer bewusst, dass die Haare unser Kapital sind. Ein Schatz, den man pfleglich behandeln muss. Udo hat sich für seine Frisuren eine irre Mühe gegeben. Außerdem finde ich, dass es Kunstwerke sind, die er geschaffen hat. Wirkliche Kunstwerke.

Die Aura der Frisuren von damals ist längst verloren. Heute steht alles beliebig nebeneinander, man kann alles tragen, alles machen, alles ist subjektiv.

Ich habe erst mit vierundzwanzig, fünfundzwanzig das Gesicht be-kommen, für das ich berühmt wurde. Zuvor war ich ganz hübsch ge-wesen, besaß aber noch nicht die Persönlichkeit, die dazukommen muss. In den Sechzigern war ich in einer Woche auf fünf deutschen Frauen-magazinen gleichzeitig das Coverbild, die Redaktionen hatten sich nicht abgesprochen. Als dann in einem Artikel des Spiegel 1965 von mir als »Preußens Gloria« gesprochen wurde, hatte ich meinen Namen weg.

Ich legte Wert darauf, schlicht angezogen zu sein. Auch wenn es eitel klingt: Ich wollte immer meinen Kopf dominieren lassen. Nichts sollte ablenken. Als Udo Walz seinen ersten Salon eröffnete, damals in der Fasanenstraße, ließ er ein großes Bild von mir, bestimmt zwei mal zwei Meter, auf die Schiebetür zwischen zwei Räumen aufziehen. Das war spektakulär und eine große Ehre für mich. Bei der Eröffnung trug ich ein ganz schlichtes schwarzes Kleid, ich glaube, es war von Bill Blass, dem berühmten Designer.

Wenn ich heute daran denke, wie lange ich Udo piesacken musste, sich selbstständig zu machen! Ich habe ihm immer wieder gesagt, du bist so gut, die Zeitschriften, die Fotografen, alle verdienen an dir, du musst endlich für dich sorgen. Du kannst alles, zeig es den Leuten.

Es ging dann ja gleich richtig los, nicht nur Models kamen, auch viele berühmte Menschen aus Berlin, Schauspieler, Sängerinnen, Lokalpolitiker. Und die Presse kam. Und viele Frauen, die es einfach genossen, gut aufgehoben zu sein. Es war seine Persönlichkeit, die alle ansprach. Und dass er alle gleich behandelt hat. Respektvoll.

Von Rico Puhlmann stammen einige der bestechendsten Aufnahmen von Gloria.

F. C. Gundlach:
Talent und Fortune

Sich die Haare schneiden zu lassen ist eine sensible, fast intime Angelegenheit, die direkt mit der eigenen Persönlichkeit zu tun hat. Sie setzt ein großes Vertrauen in die Fähigkeiten des Friseurs voraus. Udo Walz ist es immer schon gelungen, dieses Vertrauen zu vermitteln. Mich beeindruckte von Beginn an Udo Walz' große Präsenz. Wenn ich heute, vierzig Jahre später, zu ihm in den Salon komme, habe ich das Gefühl, er ist immer noch der Gleiche.

In den Siebzigern und Achtzigern machten wir oft zwei-, dreiwöchige Fotoreisen. Das waren Fotoproduktionen für Modezeitschriften, für Modehäuser oder Kataloge. Am Anfang ist das Team oft eine heterogene Truppe. Da sind Models, die häufig nur Englisch sprechen, der Friseur, die Redakteurin, ein Stylist, ich und mein Assistent.

In der Karibik oder in Kenia musste man mitunter um sieben Uhr morgens fotografieren, weil es so heiß wird oder weil die Sonne sonst zu hoch steht. Also mussten sich alle um fünf Uhr aus den Betten quälen.

Udo verstand es, daraus ein Happening zu machen: Er lud alle Models zu einem gemeinsamen Frühstück auf sein Zimmer. Er unterhielt sie mit seinen Späßchen – und schon war die Atmosphäre heiter und harmonisch.

Die Models waren entspannt mit ihm. Mit Menschen umzugehen ist sein Naturell. Ich habe ihn immer als unsere Betriebsklimaanlage bezeichnet!

Fotografiert von F. C. Gundlach.

Als wär's ein altes Adelsgeschlecht:
F.C. Gundlach (Mitte) umgeben
von Models (und einem Friseur) in
Schloss Sintra bei Lissabon.

In solchen Teams und Situationen gibt es mitunter Spannungen, wo alle Stress haben, wegen der Zeitumstellung, dem extrem veränderten Klima oder weil der Fotograf und das Model aneinandergeraten. Udo spürte, wann er eingreifen musste. Er konnte die Spannungen auflösen, er sagte einfach: Kommt, lasst uns in die Garderobe gehen, wir probieren etwas Neues. Und schon konnte man weiterarbeiten. Ich habe das sehr geschätzt.

Udo Walz hat als Friseur einen eigenen Stil, aber sein Kapital ist etwas anderes: Er schaut sich jede Frau genau an – und weiß sofort, wie er sie noch schöner machen kann. Er hebt ihre individuelle Eleganz hervor und vermittelt ihr Selbstbewusstsein. Das tut er bis heute. Jedes Model, jede Frau empfindet sich als attraktiver, nachdem sie bei ihm war, bis hin zur Bundeskanzlerin. Ob berühmt oder nicht – für ihn sind alle Köpfe gleich.

Und auf allen unseren Reisen, die wirklich anstrengend sein konnten, fand er noch die Muße, abends auszugehen. Natürlich heimlich! Ich durfte das nicht wissen. Also tat ich ihm den Gefallen und wusste nichts. Ich bewunderte sein Durchhaltevermögen.

Für mich waren die Sechzigerjahre die wichtigste Dekade des letzten Jahrhunderts. Sie waren das Jahrzehnt der großen Veränderungen – die Beatles, die Pille, aber auch die großen Umbrüche in der Kunst durch die Op- und die Pop-Art. Alles veränderte sich, die Gesellschaft, die Menschen, das Frauenbild. Die Frauen standen nicht mehr als Heimchen am Herd, sie wurden selbstständig, sie waren berufstätig, sie wurden selbstbewusst. Das drückte sich auch in der Mode aus. In der Mitte der Sechzigerjahre löste die Prêt-à-porter die Pariser Haute Couture ab.

Das gesamte Team in
Halloween-Aufmachung.

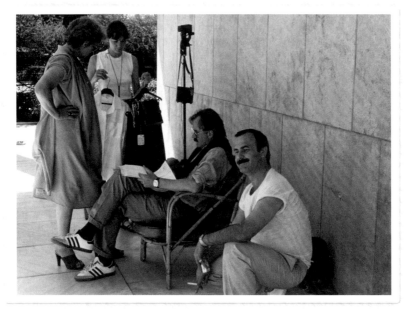

Morgendliche Arbeits-
besprechung in Madrid,
noch im Schatten.

Was für einen Aufstand gab das in den großen traditionellen Modehäusern! Als ginge die Welt unter! Besonders in Frankreich wurde das Ende der »Gloire« betrauert, als würde ein nationales Kulturgut verloren gehen. Zwei Jahre später machten alle Häuser Prêt-à-porter.

Erst durch die kollektive Akzeptanz wird ein neuer Trend zur Mode. In schnellem Wechsel folgen die Moden aufeinander, ändern sich ihre Codes. Ich glaube, man kann nur dann mit Mode umgehen, wenn man ganz in seiner Zeit lebt. Ganz egal, ob man frisiert oder fotografiert. Udo Walz hat das intuitiv sofort verstanden. Er hat eine einzigartige Karriere hingelegt. Er wurde eine Symbolfigur. Wenn man in Berlin und darüber hinaus »Walz« sagt, dann weiß jeder, dass Udo gemeint ist. Er wurde zu einer öffentlichen Figur, in der Berliner Gesellschaft, aber auch weit darüber hinaus.

Udo Walz ist und war immer ein verlässlicher Freund. Selbst wenn er um die halbe Welt dafür reisen müsste, würde er einen Freund nicht im Stich lassen.

Drei Elemente braucht es für eine Karriere. Man braucht Talent. Man braucht Fleiß und Disziplin. Das Wichtigste aber ist Fortune. Er hat davon viele Momente gehabt, und ich Gott sei Dank auch.

Lieber Udo, ich gratuliere Dir von ganzem Herzen. Du bist Löwe! Mit siebzig ist nicht Schluss. Eine neue Dekade und neue Herausforderungen warten auf Dich!

Dieses irre schöne Licht

Jeden Monat sind wir einmal um die Welt geflogen, erzählen F. C. Gundlach und ich gern, wenn jemand etwas über diese bewegten Jahre wissen möchte. Tausend Eindrücke ziehen vorbei, eine endlose Kette. Denke ich jedoch an Orte, die mir wirklich etwas bedeutet haben, blitzen andere Erinnerungsbilder auf. Bilder von Inseln. Zum Beispiel von Capri.

Capri ist meine Sehnsuchtsinsel. Hier könnte ich mir vorstellen zu leben. Eine Bilderbuchinsel. Ich habe das Haus von Valentino besucht, ein absoluter Traum! Wenn ich richtig reich gewesen wäre, hätte ich mir in den Siebzigerjahren auf Anacapri ein Haus gekauft. Das Wasser, das Licht, einfach herrlich. Ich war oft da, drei, vier Tage auf diesem Fleckchen Erde im Meer sind für mich wie ein dreiwöchiger Urlaub.

Ich habe glücklicherweise gleich mehrere Lieblingsinseln, Trauminseln, schönste Inseln! Madeira zum Beispiel – wenn man im Sommer auf Madeira ist, muss man nicht in die Karibik. Immer ist es angenehm warm, und erst die Blumenpracht und der Duft … Mit Freundinnen in meiner Altersklasse lästern wir, dass wir uns später ins Hotel Reid's in Funchal einweisen lassen. Hier fahren sie die alten Herrschaften auf ihren Liegen im Garten herum. Davon träumen wir heimlich. Wir laufen keinen Schritt. Für mich Faulpelz eine himmlische Vorstellung.

Auf Mykonos wird einem die Seele leicht. Diese klaren Farben, das Weiß, das Blau. Hier gibt es das schönste Licht der Welt.

Selbstverständlich würde ich es dort niemals länger als drei Tage aushalten, wie das mit fixen Träumen so ist. Meine nächste absolute Lieblingsinsel: Mykonos. Oder Hydra, gleich vor Athen. Auf Mykonos war ich bestimmt fünfzehn Mal. Nachdem ich meinen ersten Salon eröffnet hatte, bin ich in den Jahren darauf immer wieder für ein paar Tage hingeflogen. Die weißen Häuser, die engen Gassen, der archaische, dörfliche Charakter zogen mich magisch an. Eine völlig fremde Welt, in der ich mich sofort wohlfühlte.

Eines Abends liefen wir in der Stadt umher und gerieten in ein mir unbekanntes Viertel. Mir fiel ein Laden auf, in dem Fotos mit prominenten Frauen ausgestellt waren. Ingrid Bergman, Soraya, die ganz großen Namen. Ich erkundigte mich, woher die Fotos kamen. Der Besitzer des Ladens war Modeschöpfer, ein Mann, der Gott und die Welt kannte. Mit allen Schönen und Reichen, deren Bilder an seinen Wänden hingen, hatte Galatis, wie er sich nannte, zusammengearbei-

tet. Galatis holte gleich eine Flasche Retsina aus dem Kühlschrank. Wir unterhielten uns bestens.

Wie sich zeigte, war Galatis ein begnadeter Gastgeber. Am Abend vor unserem Rückflug veranstaltete er ein Essen für seine neuen deutschen Freunde. Wenn wir das nächste Mal kämen, könnten wir bei ihm wohnen, lud er uns ein.

Ein, zwei Mal folgte ich seiner Einladung. Er residierte auf einer Klippe, sehr malerisch. Über lauter Stufen ging es steil hinunter zum Meer. Das Haus selbst war eher grenzwertig eingerichtet, ich lästerte immer und nannte die Zimmer Pferdeställe. Von einem langen Flur gingen lauter Zimmerchen ab, Pferdeboxen eben. Sehr kalt, nüchtern, sehr karg. Das Gegenteil des Stils, wie ich ihn liebe.

Bei meinem zweiten Aufenthalt traf ich auf noch einen Gast. Einen bemerkenswerten Gast. Soraya hatte bei Galatis Unterschlupf gefunden. Eine große Frau, die tief gefallen war.

Nur zwei Monate zuvor war ihr langjähriger Freund, ein italienischer Regisseur, auf Sizilien bei einem Flugzeugabsturz ums Leben gekommen. Nach ihrer Scheidung von Schah Reza Pahlavi 1958 hatte sie versucht, als Schauspielerin Fuß zu fassen. Ihr erster Film war gefloppt. Ohne rechten Halt war sie in den Sechzigerjahren überall dabei, wo sich der Jetset traf.

An den Abenden spazierten Soraya und ich zum Essen in die Stadt und spät in der Nacht wieder zurück zu unserem Haus. Nach ein paar Tagen veranstaltete Galatis ein großes Fest, es war Sorayas vierzigster Geburtstag. An diesem Abend aß ich zum ersten Mal in meinem Leben Spaghetti mit Hummer.

Arndt von Bohlen und Halbach war neben Galatis der eigentliche Gastgeber des Festes. Arndt war ein paar Jahre jünger als Soraya. Vielleicht fühlte er sich ähnlich zerrissen wie sie, niemand konnte in ihn hineinsehen. Seit ein paar Jahren war er verheiratet, doch jedermann wusste um seine offen gelebte Homosexualität. Wer weiß, dachte ich mir, womöglich sind das die besten Ehen. Großzügig war er, der rätselhafte Erbe mit dem Jungengesicht, da konnte nicht leicht einer mithalten.

Der besondere Gag des Abends war, dass sich alle etwas mit der Farbe Türkis einfallen lassen mussten. Ich hatte mir übergroße Kreppblumen in Türkis besorgt, einen ganzen Korb voll. Prächtig und albern, genau die richtige Mischung, wie ich fand. Als ich das Zeug überreichen wollte, klappte Arndt direkt vor mir ein kleines Schmuckschächtelchen für Soraya auf: Ein türkisfarbener Ring funkelte ihr entgegen. Ihre Augen leuchteten, wie nur die Augen einer Frau beim Anblick von Schmuck leuchten können.

Kam ich mir blöd vor mit meinen Kreppblumen! Hektisch sann ich auf einen Weg, den Korb verschwinden zu lassen. Zu spät. Soraya nahm ihn mir aus der Hand und bedankte sich mit einer Umarmung.

Auf Mykonos erscheint einem das Leben leichter. Bestimmt trägt das Licht seinen Teil dazu bei. Es ist das schönste Licht der Welt. Die weißen Häuser, die blauen Fensterläden, der blaue Himmel, das Meer. Und dieses irre schöne Licht.

Am Strand
von Deauville

Ich liebe es, Freunde um mich zu haben. Ein Wort gibt das andere, man lacht, spürt, dass man sich nah ist, lästert ein bisschen über Gott und die Welt. Gemeinschaft ist mir wichtig. Andererseits kann ich mich auch gut in Zusammenhängen bewegen, in denen alles anonym und fremd ist. In unbekannten Städten, bei Veranstaltungen, auf Flohmärkten. Alle um mich herum bilden dann eine andere Art der Gemeinschaft, es fällt mir leicht, das Verbindende zu sehen.

So gern ich mit Menschen zusammen bin – an einem Tag im Jahr brauche ich Abstand von allem. Der Tag, an dem sich vor langer Zeit mein Freund Christoph das Leben nahm.

Jeder Mensch trägt die Erinnerung an einige wenige Augenblicke seines Lebens, in denen die Welt zusammenbrach, in sich. Alles stand still in diesem Moment und tut es jedes Mal wieder, wenn man daran denkt. Egal, wie viele Jahre dazwischenliegen.

Der Tag, als Christoph ging, ist so ein Moment.

An einem der Jahrestage war ich mit einer guten Freundin nach Paris geflogen und dann mit dem Zug in die Normandie gefahren. Ich war froh um ihre Begleitung, ich wusste, dass wir auch gut gemeinsam schweigen können. Ich liebe die leeren Strände, das Grenzenlose, den unendlich weiten Himmel. Und abends geht man essen und ist von Köstlichkeiten umgeben.

Ich verstehe nur wenig Französisch, das macht nichts. An diesem Tag war es sogar gut. Wir waren für uns.

An den Strand gehen hat etwas von Verschwinden, finde ich. Mit jedem Schritt entfernst du dich, lässt dein Leben hinter dir, gehst einfach weg. Wenn das nur möglich wäre. Ich trug ja alles mit mir, die Erinnerungen, es gab kein Entkommen.

Da war das Knirschen des Sandes, ich hatte die Schuhe ausgezogen, ich spürte den weichen Sand und Muschelstücke, die piksten. Das Gehen war anstrengend, ich rutschte jedes Mal ein Stückchen nach hinten, bevor ich den Fuß heben konnte. Ich schaute vor mich auf den Boden.

So würde ich weiterlaufen, bis ich im Wasser stand. Das Meer hatte sich weit zurückgezogen, ich würde lange laufen müssen. Perfekt.

Wir hatten eine gute Zeit gehabt, Christoph und ich. Wir arbeiteten beide viel zu viel, er war oft unterwegs, dann zog er sich immer wieder für Monate zurück. Sylt war seine Insel, wo ich ihn ab und zu besuchte. Ich war oft nur zum Kofferpacken in Berlin, bevor es wieder losging, irgendwohin, und sei es nur nach Hamburg. Zwölf Jahre lang ging das so, es war die richtige Mischung aus Nähe und Distanz. Wir konnten das Gemeinsame genießen, vielleicht weil wir zugleich jeder auch unser eigenes Leben führten.

Für mich ist das bis heute der Schlüssel zum Glück. Ich muss mit mir selber glücklich sein, dann bin ich es auch mit anderen zusammen. Wie man meinen kann, sein Glück sei von anderen abhängig, habe ich nie verstanden. Natürlich schließt das eine Verantwortung für den anderen ein, einen Zusammenhalt. Ich bin immer für meine Freunde da.

Christoph hatte ich nicht halten können. Als er nicht mehr da war, spürte ich, wie fragil alles ist. Du glaubst, es ist gut, denkst nicht groß nach, weil es tausend Dinge zu tun gibt, und dann trifft es dich mit einem Schlag, dass etwas doch nicht gestimmt hat. Christoph war schwer depressiv, vielleicht hätte ich das erkennen und handeln müssen? Monatelang, jahrelang konnte ich diesen Gedanken nicht ertragen, er lastete auf mir in jedem Moment, den ich nicht mit Arbeit zubrachte oder auf irgendeine Weise betäubte. Wenigstens steckte ich so tief in Verpflichtungen, dass ich oft nicht einmal wusste, wo ich gerade war. Ich funktionierte.

Das war lange her. Mein Leben war weitergegangen, ich hatte mich wieder gefangen. Ich konnte es wagen, die Erinnerung zuzulassen, ohne von Neuem abzustürzen.

Tief in Gedanken stapfte ich vor mich hin. Hier blies immer ein kräftiger Wind, mir brausten die Ohren. Auf der anderen Seite des Wassers war Le Havre zu sehen, ein Stück weiter landeinwärts musste die Seinemündung sein.

Ich hatte es damals geschafft weiterzumachen. Natürlich, wir schaffen es immer, das haben wir Menschen so an uns. Was für ein Gegensatz: Wir werkeln und schuften und strampeln uns ab, wir sind aufgeregt, fiebern einer Sache entgegen, sind liebessatt und glücklich, himmelhoch jauchzend, zu Tode betrübt, und im selben Augenblick sind wir nichts. Nichts.

Ich sah das Meer vor mir, hinter mir den Strand, das Land. Das alles bleibt, sagte ich mir, nur wir sind nichts. Ein Staubkörnchen. Die Natur zeigt uns das.

Mir hilft das in so einem Moment. Ich finde Trost darin. Wir verlieben uns, wir verletzen uns, wir entschuldigen uns und versuchen, das nächste Mal alles besser zu machen. Ein Hamsterrad. Wir versuchen das Beste und wissen doch nie, was uns gelingt.

Ein paar Mal in meinem Leben habe ich nicht weitergewusst. Ich sah keinen anderen Ausweg, als zu verschwinden. Von einem Moment auf den anderen.

Mit Eva Maria war ich Mitte der Sechzigerjahre verlobt gewesen, ich war frisch eingetaucht in das Berliner Leben, hatte alles aufgesaugt, was neu war. Zum ersten Mal hatte ich gelebt, wie man es eben tut mit Anfang zwanzig. Alles war aufregend, alles war möglich. Ich wusste so wenig von mir, von meinen Wünschen, von anderen Menschen. Ich war auf der Suche. An Heiligabend wurde es mir zu eng. Ich musste weg. Ich fühlte mich eingesperrt. Nicht Eva Maria hatte mich eingesperrt, ich selbst hatte es getan. Niemand hatte Schuld. Ich war unsicher, überfordert, ich wollte mich nicht binden, ich war einfach auf der Suche.

Die Natur zeigt uns, wie klein wir sind, ob du am Meer bist oder im Wald spazieren gehst. Hat das nicht etwas Tröstliches?

Ich sagte, ich würde Zigaretten holen gehen, und ging. Ich lief, ohne stehen zu bleiben, einfach nur weg. Später landete ich auf dem Fest eines befreundeten Friseurs. Er war ebenfalls in einer Beziehung, wollte ebenfalls weg. Ab da waren wir zusammen, zwei Jahre lang.

Erst sehr viel später habe ich Eva Maria erzählen können, was damals in mir vorgegangen war. Ich rechne es ihr hoch an, dass sie mir verzieh. Ich habe mir mein schofeliges Verhalten lange vorgeworfen.

Vor mir lag der Jachtclub von Deauville. Stumm waren wir stundenlang vor uns hin gestiefelt. Meine Freundin fasste mich unter, und wir gingen hinüber auf die Terrasse des Clubs.

Der starke Kaffee tat uns gut. Um uns herum herrschte rege Betriebsamkeit, einer würde gleich mit seinem Boot auslaufen, ein anderer reparierte mit ölverschmierten Fingern seinen Außenbordmotor. Auf Anhängern wurden Jollen gebracht, eine schicke Motorjacht aus poliertem Holz wurde abtransportiert. Alltag. Das ganz normale Leben. Alle hatten Pläne, alle hatten etwas vor, alle waren in Eile.

Wir mussten uns nicht beeilen, auch wenn die Flut schon hereinkam. Sie würde aus einem endlos breiten Strand lediglich einen breiten machen. Das meine ich: Alles ist größer, als wir es sind. Das zeigt uns die Natur, ob du am Meer bist oder im Wald spazieren gehst.

Ist es das, was man unter Trost versteht? Man sieht sich von außen, spürt, wie klein man ist. Während es in dir tobt und du nicht weißt, wohin mit allem. Seine Winzigkeit zu erkennen, für mich hat das etwas Tröstliches.

Mit einem Cognac im Magen machten wir uns auf den Rückweg.

3 BERLIN, BERLIN

Der zweite Whiskey

My home is my castle. Leider habe ich ihn nie kennengelernt, den sicherlich sehr ehrwürdigen Herren mit der sicherlich sehr blaublütigen Dame an seiner Seite, der sich dieses Lebensmotto ausgedacht hat. Denn ich war nie zu Hause. Das war mir viel zu langweilig. Socken waschen, Fußboden kehren, Kaffeetassen abspülen, während die Sonne scheint oder seit fünf Stunden nicht mehr scheint, dafür aber die Runde in der Kneipe immer lustiger wird?

So war es all die Jahre gewesen. Bis jetzt. Jetzt stand ich vor einer Schwelle, von der ich nicht wusste, ob ich sie überschreiten sollte. In der Fasanenstraße, in dem Haus, wo mein erster Salon war, hatte ich das noch nicht ausgebaute Dachgeschoss entdeckt. Auf einmal hatte sich etwas geregt in mir. Auf einmal war es keineswegs ein seltsamer, sondern ein verlockender Gedanke gewesen: Ich würde mir ein Nest bauen, ganz nach meinen Vorstellungen. Mit meinem Salon hatte ich es schon einmal gewagt – und gewonnen. Warum also nicht eine Wohnung so herrichten, wie ich es haben wollte?

Der Architekt hatte mir die Pläne gezeigt, und damit war meine Vorfreude endgültig entfacht worden. Mit grenzenloser Fantasie stellte ich mir vor, wie alles aussehen würde. Ich wusste es ganz genau, immer für einen Tag, und am nächsten war es dann noch besser, noch origineller. Im Moment war allerdings nur eines ganz sicher: Es würde alles teurer und aufwendiger werden als gedacht.

Alles drehte sich rasend schnell, Besprechungen, Architektengespräch, Muster für Kacheln und Fliesen und Tod und Teufel. Ich wusste nicht, ob ich eher erleichtert darüber war, dass es endlich losging, oder genervt von dem Gequatsche über Stützbalken, Steigleitungen, Taubengitter und Denkmalschutzauflagen.

Kurz entschlossen hatte ich mich ins Taxi gesetzt und war in den Grunewald gefahren. Ich wollte meine Ruhe haben.

Es gibt diese Momente, wo sich Ereignisse kreuzen, es geschehen zehn wichtige Dinge gleichzeitig, und man meint, nicht mehr den Überblick behalten zu können. Ich drehe mich dann um und verschwinde. Sofort ist alles ruhig, als wäre man allein auf der Welt.

So war es mir ergangen, als ich mich zum Grunewald fahren ließ.

Ein paar Minuten im Grünen genügen mir, und ich bin ein neuer Mensch. Du hörst die Vögel, siehst, wie alles sprießt, die Kastanien schlagen aus, der Holunder blüht oder die Linden entrollen ihre ersten zarten Blätter. Immer ist etwas los, und jedes Mal ist es von Neuem ein überwältigendes Erlebnis. Ich bin nicht der besinnliche Typ, aber ein paar Schritte hinein in die Natur genügen, und ich kann Arbeit und Sorgen abschütteln.

An diesem Nachmittag war ich zum ersten Mal hier hereingekommen, ins Café Grunewald. Kurz darauf standen ein großer Kaffee und ein Stück Kuchen vor mir.

Nach einer Weile bestellte ich einen Bourbon, Four Roses, meine Lieblingsmarke. Wie sich die Wärme ausbreitet, scharf und weich, ich liebe das.

Wie lange war ich weg gewesen? War ich überhaupt weg gewesen? Mein Salon war hier, meine Wohnung, meine Freunde, aber mein eigentliches Zuhause waren die Flugplätze dieser Welt. Die Airline-Schalter. Die Wartehallen. »Welcome, Sir.« »Please proceed to gate twenty-five.« »Have a nice flight.« »Welcome on board.«

Wobei das Fliegen damals noch wirklich reizvoll war, kein Vergleich zu heute. Jeder Reisende war ein Gast, ein Flug-Gast, und so wurde man behandelt. Für mich war es ein großes Herumstreunen gewesen, ein Leben aus dem Koffer.

Ich war vierzig, und es reichte. Was konnte noch kommen, wenn ich so weitermachte? Es würde weniger werden, sagte mir mein Gefühl, ich würde unzufriedener werden.

Der Salon gedieh wie ein prachtvolles Baby. Eine Freundin, die von Anfang an mit mir an einem Strang gezogen hatte, war ausgestiegen. Ich möchte mir selber etwas aufbauen, hatte sie gesagt. Ich hatte ihr die Daumen gedrückt und weitergemacht. Nach einigen Umwegen ist sie heute wieder bei mir. Genau so, mit den Schleifen, war es vermutlich richtig für sie.

Und für mich? Ein paar Mal hatte ich gehört, dass Mitarbeiter und auch einige Kundinnen die Nase rümpften, weil ich so selten da war. Aber was sollte ich tun, ich war gefragt und konnte nicht überall gleichzeitig sein.

Und jetzt, mitten in voller Fahrt, stieg ich aus. Sollte der Tross ohne mich weiterrollen.

Plötzlich war der Entschluss ganz leicht gewesen. Du hörst auf mit dem Herumjetten. Du baust dir ein richtiges Zuhause auf. Genieße es, in Berlin leben zu dürfen. Mach was draus, sagte ich mir. *My home is my castle.* Ich lachte boshaft in mich hinein.

Ich trauerte der Karawane von Moderedakteuren, Fotografen und Models nicht lange hinterher. Gerade hier in Berlin bekam ich sie alle paar Wochen zu sehen, wenn mir danach war, nur dass ich es jetzt war, der sagen konnte: »Welcome, honey!«

Wie aber lebt man in einem eigenen Zuhause? Diese Frage stellte sich für mich. Wie sieht ein Ort aus, an dem ich mich wirklich wohlfühle?

Mir fiel eine nächtliche Begegnung ein, die lange zurücklag. Wir waren fünf Tage in Lissabon gewesen, eine Fotoproduktion, ich glaube für das Modehaus Otto. Irgendwann, weit nach Sonnenuntergang, hatte ich genug gehabt von dem Tamtam und war losgezogen, mitten ins Gewühl der Straßen und Gassen hinein.

Hier hätte ich leben können, überall Kneipen, wie ich sie liebe, die ganze Nacht konnte man im Freien sitzen. Ich landete allerdings an einem Tresen, knallrot, vor einer gigantischen Getränkewand. Es war so schummrig, wie man sich das vorstellt, und doch anders. Viele kleine Lampen tauchten den Raum in ein schwer zu beschreibendes Licht. Sie setzten lauter kleine Lichtpunkte, hell, und doch schwach genug, um den Raum dunkel zu lassen. Ein eigenartiger Sternenhimmel.

In so einem merkwürdigen Ambiente, umgeben von lauter fremden Menschen, fand ich nach einem anstrengenden Produktionstag am besten zur Ruhe.

Das Pärchen neben mir trank Gin Fizz, ich bestellte mir auch einen. Kurz darauf stand ein einsamer Trinker bei mir, leicht schwankend, wir stießen miteinander an. Er war Engländer, Architekt, der gerade mit dem Arbeiten aufgehört hatte. Ihm war es in England zu kalt und zu neblig. In die nächste Runde bezogen wir das Pärchen mit ein, María und Manuel.

Ich erzählte, dass ich dauernd umherzog, mindestens sechs Monate im Jahr.

»Wir haben lange eine Wohnung gesucht«, sagte María. »Jetzt haben wir sie gefunden. Morgen unterschreiben wir den Vertrag. Vorher gehen wir noch was trinken, haben wir uns gesagt.«

Manuel hatte Bammel, das war deutlich zu sehen. Die beiden waren seit zehn Jahren zusammen, sie hatten aber weiterhin jeder für sich gewohnt. Es war der letzte freie Abend, für ihn, für seine Freundin, eine Bemerkung in dieser Art lag ihm auf der Zunge. Frauen sind bei solchen Entscheidungen mutiger.

Der schüchterne Udo, das war lang her. Ich wusste, was ich konnte. Ich durfte weitermachen, in Berlin – war das nicht ein Geschenk?

»Ich freue mich so!« Marías Augen funkelten, als sie Manuel ansah und ihre Hand auf seinen Arm legte. Man konnte ihn beneiden, dieses zögerliche Exemplar von Mann, und man wollte ihm unwillkürlich Mut machen. Warum eigentlich?

Der Engländer nahm einen Schluck. »Ich habe mein ganzes Leben Wohnungen und Häuser gebaut. Und wenn alles fertig war, habe ich mich umgedreht und bin zur nächsten Baustelle weitergezogen. Oft habe ich mich gefragt: Wie leben die Menschen jetzt in den Wänden, die du ihnen hingestellt hast? Ich selbst hatte immer Angst, mich irgendwo niederzulassen. In England wird einem das Abhauen von der Insel aber auch leicht gemacht.«

Komisch, ich hatte María und Manuel nie vergessen. Ihre Sehnsucht, sein Zögern.

Nun musste ich mir selbst eingestehen: Ich weiß gar nicht, wie man lebt mit einem richtigen Zuhause. All diese Leute hier im Café um mich herum, wie machten sie das? Hatten sie einfach eine Familie gegründet und sich dann den Kindern und der Karriere gewidmet? Die Männer arbeiteten, ab und zu schenkten sie ihrer Frau etwas Schönes, und allen ging es gut dabei? Samstags waren sie vor dem Fußballgucken mit den Kindern auf dem Spielplatz oder Fahrrad fahren. Familienleben. Gut oder weniger gut – egal, so lebte ich einfach nicht.

Sucht man sich seinen Weg überhaupt bewusst aus? Den nehm ich nicht, den auch nicht – also hör mal! –, aber diesen da vielleicht, der schaut doch gut aus.

Was wusste ich vom Leben?

Was wusste ich von mir?

Es fiel mir nicht leicht, mich so zu betrachten, wie ich es mit den Erwachsenen um mich herum tat. Wer war dieser vierzigjährige Friseur? Hatte sich meine Einstellung geändert? War ich nicht schon immer so gewesen wie jetzt?

Beim zweiten Whiskey klärte sich die Lage allmählich wieder. Der schüchterne Udo, das war lange her. Wer weiß, vielleicht war ich nicht besser bei der Arbeit geworden in der Zwischenzeit, aber ich hatte an Selbstvertrauen gewonnen. Ich wusste, was ich konnte. Ich wusste, dass ich dafür gut bezahlt, geachtet, ja sogar gemocht wurde. Ich war anerkannt in meiner Welt, an jedem schönen Strand hatte ich Locken gedreht und Mähnen frisiert und Perlen ins Haar geflochten und überhaupt alles gemacht, was man mit Haaren anstellen kann. Hunderte Zeitschriftenschönheiten trugen meine Frisuren, das Aussehen von Models ganzer Modekataloge war von meiner Handschrift geprägt.

Ich musste mir keine Sorgen machen. Ich durfte *weitermachen*, war das nicht ein Geschenk?

Und ich durfte es in der großartigsten Stadt der Welt überhaupt, im kleinen, eingesperrten, grauen, tollen, alle Freiheiten bietenden West-Berlin.

Ich war ein zweites Mal angekommen in Berlin.

Die Spaziergängerin.
Romy Schneider

Wieder dauerhafter in der Stadt zu Hause, festigten sich Bekanntschaften und Freundschaften neu. Von zwei außerordentlichen Begegnungen möchte ich erzählen. Für die eine, die mit Romy Schneider, blieb leider nur sehr wenig Zeit.

Der Ku'damm ist und bleibt der Ku'damm, der Laufsteg Berlins. Nach der Wende haben andere Straßen versucht, sich nach vorn zu schieben und sich als die schönsten und großstädtischsten aufzuplustern. Ich sah das gelassen, und die Zeit hat mir recht gegeben. Auch Charlottenburg hat sich gemausert und strahlt heute frisch aus seinen Knopflöchern.

In den Siebzigern und Achtzigern jedenfalls war hier am Ku'damm der Nabel Berlins. Die Geschäftsleute merkten das an den Mieten, aber man zahlte sie gern, weil alle, die einen Namen hatten, die die Presse hinter sich herzogen oder einfach entspannt einkaufen wollten, hierherkamen, und nur hierher. Ein Spiel unter uns Ladenbesitzern bestand darin, sich gegenseitig anzurufen und mit verstellter Stimme irgendeine Berühmtheit anzukündigen. Gleich kommt die Jayne Mansfield zu dir, haben wir dem Kollegen gegenüber gesagt, der natürlich sofort angefangen hat, den Boden zu kehren …

Eines Tages klingelt das Telefon bei mir im Geschäft. Meine Rezeptionistin reicht mir den Hörer weiter und sagt: »Für dich, Romy Schneider ist dran.«

»Man soll Frauen nie überraschen. Das ist gefährlich. Sie haben es zu gern.«

Ich melde mich, wobei ich schon überlege, wer mich diesmal reinlegen will.

»Hier ist Schneider, guten Tag«, sagt die Frauenstimme.

»Das ist ja ein Ding«, lege ich los, laut. Mit mir treibt ihr euer Spielchen nicht! Ich duze die Anruferin. »Was willst du denn?«

Sie: »Ich würde gerne zum Haaremachen kommen.«

»Wann willst du denn kommen? Ich hab keinen Termin für dich.«

Noch während ich spreche, stutze ich. Dieser Tonfall, diese Färbung, die weiche Stimme. Plötzlich weiß ich, das ist sie wirklich. Das ist Romy Schneider. Ich sehe es noch vor mir, wie ich mit dem Hörer in der Hand förmlich die Hacken zusammenschlage und ernst und bestimmt sage:

»Selbstverständlich, Frau Schneider. Sie können kommen, wann Sie wollen. Ich freue mich.«

Und dann kam sie.

Herbst 1981, Romy Schneider drehte in Berlin »Die Spaziergängerin von Sans-Souci«, ihr letzter Film, wie wir heute wissen. Ich hatte von den Vorbereitungen gelesen, es waren außergewöhnliche Dreharbeiten. Nur ein Jahr zuvor war ihr Sohn David, vierzehn Jahre alt, auf entsetzliche Weise gestorben. Er wollte zu den Schwiegereltern auf das Nachbargrundstück klettern und kraxelte über den hohen Zaun. Dabei rutschte er aus und spießte sich an den Eisenspitzen förmlich auf. Er verblutete. Nun sollte Romy die Ehefrau eines von den Nazis verfolgten Verlegers spielen, die 1934 mit dem Jungen eines befreundeten, ermordeten jüdischen Ehepaars nach Paris flieht, um dort auf ihren Mann zu warten. Wie sollte sie das spielen können? Musste sie in dem Jungen nicht immerzu ihren Sohn sehen?

Jeder hätte verstanden, wenn sie die Rolle zurückgegeben hätte. Aber so war sie nicht. Man muss weitermachen, sagte sie. Stehen bleiben ist für mich nicht möglich. Man stürzt sich in die Arbeit, weil man es tun muss.

Wie sollte ich ihr begegnen? Musste ich diese Tragödie nicht ansprechen, oder war das gerade das Falscheste, was ich tun konnte?

Wieder einmal zitterte ich, als sie vor mir saß. Ich bewunderte Romy Schneider, war ein absoluter Fan von ihr, und jetzt durfte ich sie frisieren.

Wir waren nicht gänzlich unbekannt miteinander, fünfzehn, sechzehn Jahre früher hatte Romy in Berlin gelebt. Sie hatte geheiratet, und David war auf die Welt gekommen. Am Dianasee, nicht weit entfernt von dort, wo ich heute zu Hause bin, hatte sie mit Harry Meyen gewohnt. Damals waren wir öfter zusammen ausgegangen.

Wie lang das her war! Seither hatte sie mehrere Leben gelebt, so schien es mir.

Konzentriert in die Arbeit versunken, gingen meine Gedanken auf Reise. Eine Frau, die zu ihrer Leidenschaftlichkeit stand, zu ihrer überschwänglichen Lebenslust mit allen Facetten. Die den Teufel tat, alles zu kontrollieren. Himmelhoch jauchzend, zu Tode betrübt, so hatte sie die Pendelausschläge ihrer Art zu leben beschrieben.

Es ist anstrengend, keine Zwischenstimmungen zu kennen, und die kenne ich wirklich nicht, hatte sie einmal gesagt. Sie hatte hinzugefügt: Das macht es sehr vielen Leuten schwer, mit mir zu leben, mit mir zu arbeiten.

»Sie föhnen aber heiß, Herr Walz«, weckte sie mich. Ich hatte in den Spiegel geschaut und war tatsächlich abgeschweift. Sie trug eine Kette, und während ich ihr Haar föhnte, hatte ich nicht bemerkt, wie diese heiß wurde. Sie lächelte mich im Spiegel an. Ich entschuldigte mich tausendmal.

Sie kam oft während des Drehs in den Laden, meistens samstags. Sie schätzte es, ihre Ruhe zu haben und zu wissen, dass keine Fotografen vor der Tür stehen würden. Als ich später den Film sah, war ich von ihrer Wandlungsfähigkeit tief berührt. Sie spielte die liebende Frau mit einer überwältigenden Kraft und mit einer Leichtigkeit, wie ich es noch nie erlebt hatte. Wer hatte solche Verzweiflung schon einmal auf einem Gesicht gesehen, solches Sich-Verzehren, Wüten, solche Hilflosigkeit im selben Moment. Der Champagnerproduzent, der sich in Paris ihrer annimmt, natürlich begehrt er sie heimlich, wird von ihr nach Berlin geschickt, um herauszufinden, was mit ihrem Mann los ist. Als er mit leeren Händen zurückkehrt, ist sie aufgelöst, empört. Wild ihn beschimpfend – und schön wie nie – stellt sie ihn zur Rede: Sie haben gar nichts gemacht. Gar nichts. Und ich habe Ihnen vertraut. Ihr Gesicht ist so offen in diesem Moment, ihre ganze Existenz wird in diesem Blick gebündelt, in dieser grenzenlosen Wut und Erregung und Enttäuschung.

Ein paar Wochen nachdem der Film in die Kinos kam, war Romy Schneider tot. Für mich bleibt sie die das Leben liebende Frau, die jugendliche Frau mit dem blitzenden Lachen in den Augen.

Man soll Frauen nie überraschen. Das ist gefährlich. Sie haben es zu gern, sagt sie in einem Film.

Wie glücklich ich bin, dass sie mich eines Tages überraschte.

Geht raus! Lebt!
Inge Meysel

Eine andere bemerkenswerte Frau, der ich begegnete, war Inge Meysel. Wie sie ihr Leben angenommen hat und stets sie selbst blieb, beeindruckt mich. Sie konnte als Siebzigjährige mit Verehrern flirten wie eine Zwanzigjährige, in einem Moment war sie scheinbar naiv jung, im nächsten gab sie die gerissene Verführerin, und gleich darauf kam sie wie eine vornehme Dame daher, sodass jeder respektvoll Abstand hielt. Person und Schauspielerin waren nicht zu trennen, wenn sie eine Szene hinlegte.

Sie war ganz schön taff, man konnte es ihr nicht leicht recht machen. Es gab Leute beim Fernsehen, die weigerten sich, sie zu schminken oder zu frisieren. Die hatten gehörigen Respekt vor ihr.

Ich kam gut mit ihr aus. Man musste ihr Raum lassen und nicht alles bitterernst nehmen. Ich reagierte ironisch und frech auf ihre Ansagen, vielleicht schätzte sie diese Leichtigkeit.

An ihrem siebzigsten Geburtstag wollte ich sie unbedingt überraschen. Ich wusste, dass sie die Tage mit einer Freundin auf Capri verbrachte, und flog ihr hinterher. Wie zufällig schlenderte ich die Gasse entlang, wo sie vor ihrem Hotel auf der Terrasse saß. Inge war eine Kaffeetante, die Wahrscheinlichkeit, ihr da am Nachmittag zu begegnen, war groß. Auffällig unauffällig trieb ich mich vor einem Schaufenster herum, bis sie mich entdeckte.

»Der sieht doch aus wie der Udo. Das glaub ich nicht!« Inge konnte so verblüfft gucken wie niemand sonst. Jetzt fehlte nur noch der aus-

gestreckte Zeigefinger, den sie drohend schwang. Pass mal auf, Bursche, wenn du meinst, du kannst mich auf den Arm nehmen …

Inge war ganz in ihrem Element. Wo wir hinkamen, wurde sie begrüßt und umlagert. Sie genoss das in der Art der englischen Königin. Sie freute sich aufrichtig, strahlte aber genügend Distanz aus, um keine falsche Nähe aufkommen zu lassen.

Am Abend ihres Geburtstags wollten wir schön feiern. Resolut erklärte sie: »Ich will da hin, wo mich niemand sieht.«

Das Lokal, in dem man angenehm im Keller sitzen konnte, war leer. Außer uns war weit und breit kein Mensch zu sehen.

»Bist du verrückt geworden? Hier sieht mich ja keiner!«, empörte sie sich.

»Das wolltest du, Inge«, versuchte ich eine lahme Entgegnung.

»Nein, das will ich nicht.«

Inge konnte ein widersprüchliches Verhalten auf wunderbar aufbrausende Weise so mit Gefühl und Empörung und starkem Willen aufladen, dass ihr sofort die Herzen zuflogen und sich alle mit ihr zusammen empörten, wie ihr solche Unbill hatte widerfahren können. Als Käthe Scholz in »Die Unverbesserlichen« verkörpert sie genau diese Mischung aus streng, zupackend und leidenschaftlich. Immer streitbar, immer mit dem Herzen auf dem rechten Fleck.

Wir wechselten den Raum und nahmen oben im Restaurant, wo es nur so brummte, Platz. Jetzt war alles gut und richtig.

Natürlich stand die Blaue Grotte auf unserem Programm. Auf dem Steg, wo die Boote ablegten, stand eine lange Schlange wartender Menschen, die Hälfte von ihnen – genau: Deutsche. In Windeseile hatte sich herumgesprochen, dass Inge Meysel hier war. »Frau Meysel, gehen Sie doch vor«, hieß es von allen Seiten.

Sie genoss das.

Ich war oft auf Capri und hatte ein paar alte Bekannte auf der Insel. Einer von ihnen besaß einen Laden mit ausgewählter Mode. Bei mir geht das in der Regel ganz fix: Im Handumdrehen hatte ich mir ein paar Kaschmirpullis ausgesucht.

»Wie kann man in Italien einkaufen!«, empörte sich Inge. Und schob sofort hinterher: »Ja, wenn du so viel einkaufst, dann musst du mir jetzt auch etwas schenken.«

Nichts hätte ich lieber gemacht. Am Ende verließ sie mit zwei großen und einer kleinen Tüte in den Händen den Laden. Neben einem Pullover und einem Sonnenhut hatte sie sich eine Kette aus kleinen sizilianischen Marmorkugeln ausgesucht.

Das Hotel Quisisana ist für mich das schönste Hotel auf Capri. Sitzt man auf der Terrasse, laufen etwas tiefer die Leute vorbei. Abends, wenn alle auf die Piazza gehen, ist kaum ein Durchkommen. Wir sitzen hier auf Schmuckhöhe, lästerten wir, wenn Perlenketten und funkelnde Ohrgehänge an uns vorüberzogen.

Wie entsteht Freundschaft? Warum ist sie manchmal da und manchmal nicht? In den späten Siebzigern war Inge Meysel eines Tages einfach in den Salon gekommen. Es dauerte nicht lang, und wir waren eng befreundet.

Bei mir war eine gehörige Portion Bewunderung für diese Frau dabei. Inge war klug, lebensklug. Das äußerte sich in dezidierten Meinungen, die sie schnell von sich gab, vor allem aber in ihrer ganzen Haltung. Nicht zu vergessen der Humor, der dazukam, und: die Lust am Spielen. Am Erfinden. Am Geschichtenerfinden.

Einmal erzählte sie in einer Talkshow, sie hätte mir eine kostbare Renaissance-Kommode geschenkt. Dabei war es nur ein Schränkchen für achtzig Mark gewesen. Inge, du sollst nicht lügen, habe ich mit ihr geschimpft. Ach, tat sie dann zerstreut und winkte ab, was weiß ich, wie das war.

Manchmal rief sie mich sonntags an und beschwerte sich, die Haare seien zu grün oder zu blau, irgendetwas. Dann musste ich mit ihr ins Geschäft gehen.

»Inge, du hast doch nur Langeweile gehabt«, sagte ich nach langen Stunden, wenn wir fertig waren, zu ihr.

Sie blickte besonders intensiv in den Spiegel, drehte den Kopf, um mein Werk von allen Seiten zu begutachten, und stand auf. Ich bürstete ihr ein paar Haare ab, die auf ihren Schultern lagen, und wir gingen zur Tür. Für einen Augenblick war sie wie irritiert.

»Eigentlich ja«, sagte sie entwaffnend.

Wir hakten uns unter, liefen zum Italiener und ließen es uns gut gehen.

Nachdem sie von Berlin in die Nähe von Hamburg gezogen war, vereinsamte sie leider ein bisschen. Der Student, der mich damals fuhr, holte sie ab und zu in Bullenhausen an der Elbe ab, kam mit ihr nach Berlin und brachte sie zwei, drei Tage später wieder nach Hause.

Ich wollte sie verwöhnen und reservierte ihr ein schönes Zimmer im Kempinski. Sie sollte sich geschmeichelt und von ein wenig Luxus umgeben fühlen. Nur: Sie spielte nicht mit. Sie wollte unbedingt bei mir wohnen.

Mein Fahrstuhl in den fünften Stock ist kaputt, versuchte ich es mit einem raffinierten Trick.

Wenn du laufen kannst, kann ich das auch, antwortete sie.

Sie wollte nicht in ein anonymes Hotel. Auf die Annehmlichkeiten pfiff sie. Sie wollte ein Gefühl von Familie haben, Nähe, Vertrautheit. Sie wollte jemanden zum Reden. Dann ging es ihr gleich gut.

Inge liebte ein Gefühl von Familie. Nähe, Vertrautheit taten ihr gut.

Resolut, wie sie war, streute sie gern Lebensweisheiten oder Sprüche ins Gespräch ein. Ziehe dir erst die Schuhe aus, wenn du im Wasser bist, war so eine Wendung. Hic Rhodus, hic salta. Das war ihre Lebenshaltung. Oder: Was vorbei ist, ist vorbei.

Unvergesslich ist mir, was sie den jungen Frauen mitgab, sie, die Achtzigjährige: Nehmt nichts hin, widersprecht! Geht raus! Lebt!

So war sie bis zuletzt. Sie machte niemandem etwas vor. Wie selten erlebt man das.

Den vielen Ehrungen begegnete sie nüchtern: Ich bin eine immer sehr gerade und nicht sehr diplomatische Person gewesen, und infolgedessen hat man mich gemocht. Aber geliebt haben mich meine Liebhaber.

Hut ab, liebe Inge.

Die rote Mähne
der phänomenalen
Milva zu frisieren
war das reine
Vergnügen.

Mit Wolfgang Joop verbindet mich seit unseren Ausflügen
in den afrikanischen Busch eine gute Freundschaft.

Für mich bleibt Inge immer
die »junge« Inge: Geht raus! Lebt!

Elefant übt Handstand

»Mr. Gorbachev, tear down this wall!« Versuche ich, von heute aus zurückzudenken, fällt die Erinnerung nicht leicht. Die Achtzigerjahre – was ist das für eine Zeit gewesen? Keiner wusste, ob sich das Eingeschlossensein jemals ändern würde, zumindest glaube ich nicht, dass jemand wirklich damit rechnete. Wann hatte Ronald Reagan im Angesicht der Grenze zu den Berlinern und zu Herrn Gorbatschow gesprochen?

Der Sommer 1987, von heute aus klingt das Datum wie der Anfang vom Ende der DDR. Damals war das jedoch ein Satz aus dem rhetorischen Arsenal des Kalten Kriegs, hier in Berlin hörte man andauernd solche Parolen. Und zugleich war die Wende unvorstellbar. Die Achtziger waren jedenfalls zäh und lang.

Das scheint alles ewig her zu sein, dabei ist gerade einmal der Zeitraum einer Generation vergangen.

Ich war Anfang vierzig. Ich war nie an die Mauer gefahren, mich interessierte das nicht. Wozu sollte ich mir die Sperranlagen anschauen und die Schäferhunde, die an der kurzen Leine geführt wurden? Ich bin nicht unpolitisch, aber das hatte mit meinem Leben einfach nichts zu tun. Ich akzeptierte das Unabänderliche.

Im Kino hatten wir in einem aufsehenerregenden Film einen jungen Grenzbeamten zu seinem Kollegen sagen hören: »... und wenn wir uns trennen, dann kann sie den Fernseher auch behalten, weil ich in Karl-Marx-Stadt (er sagt: *Gorl-Morgs-Stodt*) eh kein' Westen krieg.

Die ›Aktuelle Kamera‹, die kann ich auch in Schwarz-Weiß sehen.«
»Was willste denn mit der ›Aktuellen Kamera‹?«

Das beschäftigte die Menschen drüben, im Ostteil der Stadt. Der Alltag. Ob die Freundin blieb, ob man in Farbe oder Schwarz-Weiß fernsah, ob man überhaupt Westfernsehen empfangen konnte.

Irgendetwas aber muss doch in der Luft gelegen haben, davon bin ich heute überzeugt. Als der Film »Der Himmel über Berlin« in die Kinos kam, war das nicht einfach ein neuer Film von Wim Wenders mit tollen Schauspielern, von denen ich einige ganz gut kannte. Heute glaube ich, der Film war so etwas wie ein Vorbote. Wim Wenders hatte, ohne es zu wissen, etwas auf den Punkt gebracht, was man erst zehn Jahre später ganz verstehen konnte. Ob wir 1987 spürten, dass diese Filmgeschichte mehr war als irgendein beliebiger Traum?

Es war die kühnste Fiktion, die man sich vorstellen kann. Zwei Engel, zwei Schutzengel, Damiel und Cassiel, begleiten die Menschen.

Bruno Ganz und Otto Sander als Schutzengel Damiel und Cassiel.

Dauernd sehen wir die Stadt von oben, aus himmlischer Perspektive. Sie wird dadurch nicht schöner, riesige Brandmauern, Verkehrsadern mit Blechschlangen, die das Bild durchschneiden, Tunnel, Asphalt, endlose Wüsteneien mitten in der Stadt. Auf einer hat ein kleiner Zirkus sein Zelt aufgebaut, und plötzlich läuft ein Elefant durchs Bild und macht einen Handstand. Zum Schießen komisch. Dann stößt er einen Schrei aus, animalisch. Die Steppe in Berlin! Was für ein verrücktes, bewegendes Bild. Das war die Stadt, die ich liebte. Alles war möglich.

Das Brandenburger Tor ist unglaublich nah und groß, wir sehen die einzelnen Steine, aus denen es gebaut ist. Die Viktoria mit Lorbeerkranz und Speer auf der Siegessäule ist viel größer als ein Mensch, und auf beiden Denkmälern sitzen Engel, wir schauen ihnen direkt über die Schulter.

Wir sehen uns wie von weit weg. Aus einer Perspektive, die uns unscheinbar wirken lässt, aber dann kommt dieser Regisseur und lässt seine Engel über die Menschen sprechen, und alles Banale und Alltägliche wird auf wunderbare Weise anziehend. Der eine der beiden Engel will jetzt unbedingt selbst Mensch werden.

Sie merken schon, ich könnte den ganzen Film nacherzählen. Er wird mir im Rückblick zum Bild eines anderen Berlins, einer Stadt, die noch keiner von uns kannte, die aber offenbar doch schon greifbar war.

Eine Stadt wie ein Traum. Bei Wim Wenders ist ganz vieles in einen mächtigen Nebel gehüllt.

Wo ist oben?

In meinem Salon herrschte nach meiner »Rückkehr« eine Stimmung wie lange nicht mehr. Wir alle waren aufgedreht, es war wie nach einer langen Urlaubsreise der Eltern, während der die halbwüchsigen Kinder zum ersten Mal allein zu Hause geblieben waren. Die sechzehnjährige Tochter klammert sich an den Gedanken, dass niemand herausfindet, wie oft sie sich mit ihrem Schwarm heimlich in ihrem Zimmer getroffen hat. Der pubertierende Sohn lässt sich seit Monaten schon nichts mehr sagen, egal wer versucht, ihn zu erreichen. Und das Nesthäkchen freut sich, dass wieder ein richtiges Essen auf dem Tisch steht und der Papa sogar noch Zeit hat fürs Schmusen. Von allen fällt eine Last ab, endlich ist man die Verantwortung wieder los. Und ich freute mich, wie die Lehrlinge sich drängelten, mir über die Schulter sehen zu dürfen.

Ich war stolz, jeden Tag zu sehen, wie eine lange Reihe von Kundinnen und Kunden zu mir kam.

Sie gingen zum Friseur, und man konnte das Offensichtliche sagen: Sie wollten sich die Haare machen lassen. Aber es war mehr daraus geworden. Der Salon wurde zu einem Treffpunkt. Man ließ sich frisieren, und man tauschte Neuigkeiten aus. Der Besuch im Laden wurde selbst zu einem Ereignis. Man zeigte sich, man war dabei. Zum Handwerk des Frisierens kam die Kunstfertigkeit, sagen wir, eines Malers dazu, dem man Modell saß. Ich sorgte für Bilder.

Alle waren wie beflügelt. Die Sonne schien.

Bubi Scholz war damals eine Institution. Berliner durch und durch, hatte er sich nach dem Krieg mit seinen Fäusten den Weg vom proletarischen Prenzlauer Berg in die Mitte der Gesellschaft hinein freigeboxt. Er hatte es zu Ansehen gebracht, er verkörperte ein Berlin, das zu feiern verstand. Nicht viel später, im Sommer 1984, brach seine Welt zusammen, als er versehentlich seine Ehefrau durch die Badezimmertür hindurch tödlich verletzte.

Eine bunte Mischung aus Geschäftsleuten, Journalisten, Politikern, Schauspielern, Sängern und ehemaligen Sportlern bildete damals eine illustre Berliner Gesellschaft ganz eigenen Zuschnitts. Jeder hatte seine Meriten, jeder trug auf seine Weise etwas bei zum Small Talk und den Neuigkeiten, die die wichtigsten Mitglieder der Gruppe, die keine Gruppe war, umschwirrten. Gerüchte, ein bisschen Tratsch. Man zog sich zurück und wollte gesehen werden. Damals, Anfang der Achtzigerjahre, war das alles noch in einem rührend unschuldigen Zustand, verglichen mit dem, was zehn, fünfzehn Jahre später die Normalität sein würde.

Eines Tages erhielt ich eine Einladung zu der legendären Faschingsparty von Bubi Scholz. Ausgebaute Partykeller waren eigentlich schon wieder out, aber das kümmerte den Hausherrn nicht. Bei ihm traf sich, was Rang und Namen hatte.

Einige der anwesenden Damen waren meine Kundinnen, wir kannten uns. Aber es gab andere Gäste, für die ich einfach ein Friseur war. Eine Sekunde lang schoss ihnen durch den Kopf, ob sie etwas verpasst hatten. Gab es einen Grund, weshalb ich hier war, von dem sie nichts wussten? Ich bemerkte die Unsicherheit bei einigen – und feierte nach Herzenslust. Ich verhielt mich kein bisschen anders als bei mir im Salon. Auch da war gute Stimmung das beste Mittel, um allen eine angenehme Zeit zu bereiten. Wie viel leichter ging das hier auf der Faschingsparty.

Die Einladungen häuften sich. Harald Juhnke war damals der erfolgreichste Schauspieler und Entertainer auf den Bühnen und im Fernsehen. Sagenhafte dreißig Millionen Zuschauer saßen bei einer Sendung wie »Musik ist Trumpf«, die er nach Peter Frankenfelds Tod übernommen hatte, zu Hause vor den Bildschirmen. Mich begeisterte sein komödiantisches Talent, so etwas kann man nicht lernen, das muss man im Blut haben.

Bald waren wir gute Freunde. Wir gingen zu Premieren, zu Vernissagen, zu Konzerten. Juhnke kam zu mir in den Salon, ebenso wie Susanne, seine zweite Frau. Günter Pfitzmann kam, Hildegard Knef kam, Inge Meysel kam. Arbeit und private Kontakte waren immer weniger voneinander zu trennen.

Heute meint man, nichts zu
gelten, wenn man nicht dauernd
in den Medien präsent ist.
Damals standen die Journalisten
Schlange, um von der großen
Knef ein Interview zu bekommen.
Fast immer sagte sie Nein.

Einmal frisierte ich eine Dame mit amerikanischem Akzent. Wir wechselten einige Worte, immer über Berlin, das halte ich bis heute so. Ich fragte sie, aus welchem Grund sie in die Stadt gekommen war. Sie erzählte mir, dass ihr Mann hier arbeitete, und bald erfuhr ich, dass die Gattin des amerikanischen Botschafters in Deutschland vor mir saß.

Gahl Burt lud mich für den nächsten Abend in die Paris Bar ein, aber ich ging nicht hin. Wochen später erhielt ich eine offizielle Einladung zu einem Empfang in der Residenz des Botschafters, und jetzt ging ich hin. Ich war neugierig.

Aus der ersten Begegnung hat sich eine wunderbare Freundschaft mit Gahl und Richard Burt entwickelt, wir sind heute immer noch befreundet. Als ich einen Blick hinter die Kulissen werfen konnte, war ich beeindruckt davon, wie sich Amerika über seine Botschaft darstellte. Ich fand, das war souverän. Es war die Zeit des Kalten Kriegs, alle waren nervöser, aggressiver als heute. Besonders in Berlin war der Konflikt ein Dauerthema. Amerika war die unumstrittene Weltmacht, nur die finsteren Russen wollten das nicht akzeptieren. Dummerweise standen sie ein paar Hundert Meter von uns entfernt hinter einer kleinen Mauer und schickten Drohungen überallhin.

Ich wurde jetzt öfter von den Burts in ihr Haus eingeladen, zu Empfängen, Veranstaltungen, Essen. Menschen aus ganz verschiedenen Welten begegneten sich hier, die Alliierten waren eine wichtige Adresse in Berlin. Alle Besucher gehörten zu den sogenannten besseren Kreisen, die zu der Zeit viel geschlossener waren, als wir das heute kennen.

Und viel unschuldiger. Ein unerhörter Tabubruch sah so aus: Bill Blass, ein berühmter Modeschöpfer, zog einmal bei einem Empfang seine Zigaretten heraus und fing an zu rauchen. Das hatte fast etwas Skandalöses, auf alle Fälle etwas Befreiendes: Zwanzig Umstehende

Berliner Gesellschaft I: Mit Harald Juhnke und mit Isa von Hardenberg und Victor Erdmann.

Corinna
Drews.

griffen umgehend zu ihren Zigaretten. Ich auch. Wie Schulbuben nach einem Streich standen wir da und pafften vergnügt.

Zehn Jahre später hätten vermutlich alle von Anfang an geraucht, heute hingegen würde man verschämt auf den Balkon oder in den Garten hinausgehen, um seinem Laster »korrekt« zu frönen.

So war das damals. Die Provokationen hielten sich in Grenzen, alle waren so etwas wie eine verschworene Gemeinschaft.

Meine Freundschaft zu den Burts gehört für mich zu den schönsten Erinnerungen aus dieser Zeit. Der Dienstsitz von Richard Burt, die Botschaft der USA, befand sich in Bonn, aber die Wochenenden verbrachte er oft in Berlin. Freitagabend fuhr er mit seinem Auto samt Bodyguards vor. Wir trafen uns häufig bei Foffy, einem griechischen Lokal in der Fasanenstraße. Elena, die Wirtin, sorgte für gutes Essen und gute Stimmung, eine lange griechische Nacht konnte beginnen.

Damals habe ich Pünktlichkeit gelernt. Wenn die Burts zu Cocktailempfängen einluden, war man pünktlich. Es hatte lange gedauert, bis ich es mir antrainiert hatte, oh ja, und auf meine Art bleibe ich einer Gewohnheit dann wieder sehr treu. Heute bin ich es, der oft der Erste ist, wenn ich verabredet bin. Was mich ärgert. Sehr viele Leute kommen zu spät, und ich sitze dann da wie bestellt und nicht abgeholt. Ich möchte es mir gern wieder abgewöhnen, aber es gelingt mir nicht. Na ja, das ist wohl die Strafe für meine jahrelange Unpünktlichkeit.

Über Gahl und Richard Burt wurde ich sogar ins Weiße Haus eingeladen. Zu meinem darauf folgenden Geburtstag lag ein Glückwunsch auf gestärktem Bütten in meinem Briefkasten: »*The White House: We send our heartfelt congratulations. May your memories be a happy reflection of the fondness of your life. We are proud to share this memorable occasion*

Jil Sander eröffnet ihr Geschäft auf dem Ku'damm.

with you. Happy Birthday and god bless you. Nancy Reagan and Ronald Reagan.«

Noch etwas anderes haben die beiden Burts bewirkt. Seit der Begegnung mit ihnen interessiere ich mich für Kunst. Ihre Residenz war voller Bilder, jetzt kam ich mit dieser für mich bis dahin fremden Welt in Kontakt. Künstler verkehren in ihren eigenen Kreisen, bald lernte ich einige von ihnen kennen. Einer der Maler, auf die ich stieß, war Salomé. Ich erstand einige seiner Bilder, für die ich tief in die Tasche greifen musste. Ich bin so: Wenn ich etwas neu entdecke für mich, nehmen meine Antennen überall schöne Stücke wahr, und ich werde zum eifrigsten Sammler.

Leider musste ich die Bilder später wieder verkaufen, als ich Geld brauchte. Wir sind seit damals gute Freunde. Ich bewundere ihn und seine Kunst und freue mich über seinen Erfolg in der ganzen Welt.

Jede Begegnung zog neue Einladungen nach sich. Feinere Abendtermine hatten die Kneipentouren abgelöst. Die ausgelassene Stimmung war geblieben.

In/Out

Rick Burt hatte den richtigen Riecher. An einem Abend bei Foffy überraschte er alle mit der Ankündigung: Wartet mal ab, eines Tages geht die Mauer auf. Wir schauten uns um – kein Ronald Reagan im Raum, dem zuliebe er diesen Satz hätte sagen müssen. Nein, es war seine Überzeugung. Sofort brach die Diskussion los, Tenor eindeutig: Schön, dass wenigstens einer das Träumen noch nicht aufgegeben hat.

Und dann kam es tatsächlich so. Nach dreißig Jahren Stillstand drehten sich die Rädchen im Getriebe der Geschichte endlich das entscheidende Stück weiter, und die Mauer fiel.

Jetzt frage ich Sie: Erfand sich Berlin in diesem Augenblick nicht noch einmal ganz neu? Die einzig mögliche Antwort lautet: Aber unbedingt!

Ich war begeistert, natürlich nicht von den Baustellen, die seither die Stadt überziehen, wobei ganze Stadtteile verschwinden und neue aus dem Boden gezaubert werden. Ich meine diese Energie, diesen neuen Zuspruch, der in den Neunzigern über die Stadt gekommen ist, die Ideen, die phänomenale kreative Atmosphäre, die überall zu spüren ist. Mich begeistert das jeden Tag aufs Neue.

Deutschland hatte seine alte Hauptstadt wieder, und hinter dem Film- und Fantasienebel zeigte sich, dass es eine ganz neue Stadt war. Gerade Menschen wie mich, die hier schon lange lebten und meinten, sie würden alles kennen, lud das zu immer neuen Entdeckungen ein.

Der Aufbruch, der die Stadt nach der Wende erfasste, ist für mich nur mit dem Lebensgefühl vergleichbar, das ich in den späten Sechziger- und frühen Siebzigerjahren empfunden habe.

Also Berlin! Über Nacht kamen sie alle, die Politiker, Journalisten, Konzerne, Geschäftsleute, Schauspieler, Künstler, die großen und kleinen Kulissenschieber. Aus der ganzen Welt kamen auffallend viele sehr junge und ältere Menschen, was mir besonders gefällt. Nicht mehr London oder New York waren hip, Berlin war »in«. Und ist es immer noch.

Dawn Schenk.

Was machen Journalisten und Gesellschaftsreporter, wenn sie an einen neuen Ort kommen? Sie drehen erst einmal jede Kachel um, linsen in jedes Kämmerchen und hinter jeden Schrank, steigen auf die Dächer und halten Ausschau nach Unerhörtem. Sie brauchen Nachrichten, Neuigkeiten, Events. Sie brauchen Köpfe, die bekannten, und neue, von ihnen entdeckte. Wo war etwas los, was es im Rest der Republik nicht gab? Wo waren die angesagten Kreise? Jeder wollte ganz vorn dabei sein.

Alle Zeitungen, die Fernsehanstalten und noch der kleinste Privatsender machten Büros und Redaktionen auf in der neuen Hauptstadt, und jeder kleine Journalist und jede große Journalistin mussten Tag für Tag das Blatt und die Sendeplätze füllen. Das Partyleben wurde zur Nachricht. Die Filmpremiere, die Ausstellungseröffnung, eine Zeitschriftengala, die Fashion Week, alles wurde mit hundert Kameralinsen und auf hundert Reporterblocks festgehalten.

Berliner Gesellschaft II: Botschaftergattinnen anlässlich des Berliner Presseballs 1999 – in guten Händen.

Der Kongreß tanzt

In diesem Jahr ist es nun soweit: Der Bundeskanzler Gerhard Schröder zieht vom Rhein an die Spree. Mit ihm Minister, Staatssekretäre, Diplomaten und Botschafter aus aller Welt. Den gesellschaftlichen Auftakt dazu bildet der Berliner Presseball.

Botschaftergattinnen als Models: Monika Westerlind und Pomula Magugu

Star-Figaro Udo Walz und Visagist René Koch demonstrierten den Diplomaten-Ladies das Ball-Styling

Zum 100. Mal findet mittlerweile der Presse- und Funkball statt, und er ist auf dem besten Wege, wieder die Bedeutung zu erlangen, die einem solchen Ereignis in der deutschen Hauptstadt zusteht. Gegründet wurde der Presseball übrigens, um bedürftigen Journalisten, Journalistenwitwen und -waisen Unterstützung zukommen zu lassen. Dieser Wohltätigkeitscharakter ist bis heute geblieben. Das diesjährige Motto: »Euro - Europa wächst zusammen«.

Entsprechend europäisch präsentieren sich Showprogramm, kulinarische Angebote und die große Tombola. Erwartet werden in Berlin zur Nacht der Nächte deutsche und europäische Prominenz aus Politik, Wirtschaft, Medien und Kultur, insgesamt dreieinhalbtausend hochkarätige Gäste bei einem Eintrittspreis von 500,- DM pro Sitzplatz.

Mit dem Berliner Presseball ist auch gleich-

Ki-Magazin 1/99

155

Verona Pooth
mit Tänzer.

So fühlt sich Blitzlichtgewitter an (Berlin, Funkturm).

Wenige Jahre zuvor, als beispielsweise die Burts zu wirklich großen Events einluden, hatte nichts in den Zeitungen gestanden, kein Wort. Niemand hatte sich dafür interessiert. Nun lechzten alle nach Berichtenswertem. Die Presse schrieb über jede Veranstaltung, als wäre es die tollste überhaupt. Lustvoll wurde das In-and-Out-Spielchen inszeniert.

Der Paparazzo war in Rom erfunden worden, nun erlebte er seine Wiederauferstehung auf den alten, neuen, prachtvollen preußischen Boulevards Unter den Linden, Am Gendarmenmarkt und in der Friedrichstraße. Jeden Morgen konnte man lesen, was sich Wichtiges zugetragen hatte, wer mit wem um die Häuser gezogen war, wer wem ein Bussi gegeben hatte. Mir war das schrecklich egal, aber ja: Ich machte mit, gern sogar.

Unter der geballten Fürsorge der Medien wurden einige wenige Stars und ganz viele Sternchen zu Figuren, über die andauernd etwas in der Zeitung stand. Über Udo Walz natürlich auch. Die Berichte über mich stapelten sich. Eine groteske Überhöhung, das habe ich immer so empfunden. Lokale wie das Borchardt, Lutter & Wegner oder die gute alte Paris Bar wurden über Nacht zu Orten, wo man dabei war oder eben nicht.

Vermutlich hatte dieser Trend schon in den Achtzigern mit dem Privatfernsehen begonnen. Die Nachrichten änderten sich, der Kampf um Aufmerksamkeit verschärfte sich, Konkurrenz bestimmte das Geschäft. Die bunten Zeitschriften wurden mehr und wichtiger. Mode wurde wichtiger, die Frauen befassten sich mehr mit ihrem Aussehen, weil pausenlos über Schönheiten berichtet wurde. Wir finden es heute gar nicht ungewöhnlich, wenn über einen Popstar oder ein Hollywood-Sternchen gleich seitenweise berichtet wird, über ihren Freund, ihren Geliebten, noch mehr Männer, die sie umschwirren, den neuesten One-Night-Lover oder die vorletzte Affäre, wir lassen uns en detail berichten, was sie dabei trugen, welche Frisuren sie sich

Kurz nach der Wende: amerikanische Sängerinnen mit Stadtführer.

hatten machen lassen, wo sie zum Urlaub hinfliegen, welche Insel sie sich gerade gekauft haben und welches Gerücht sie wirklich, aber echt wirklich kolossal fertigmacht. Eine Industrie lebt davon.

Ich erinnere mich noch an eine Hildegard Knef, bei der die Journalisten auch schon Schlange standen, zumeist erfolglos. Jeder Reporter, der einen Termin bei ihr bekam, konnte froh sein. Heute existiert man gar nicht mehr, wenn nicht permanent über einen geschrieben wird.

Als ein paar Jahre später Gerhard Schröder Helmut Kohl als Bundeskanzler ablöste, wirkte auch das noch einmal wie eine Befreiung. Mit Schröder kam ein neuer Ton in die Politik, und bald spürte man: Die ganze Inszenierung war neu. Ein Kanzler Schröder, auch mal gern mit Zigarre und in einem guten, wirklich guten Anzug, der sich einen Außenminister Joschka Fischer an seine Seite geholt hatte, der für Kritik stand, für Nachdenklichkeit. Attribute, die es lange nicht mehr gegeben hatte.

Ein neues Lüftchen in Berlin, wohin man seine Nase auch streckte.

»Die schönsten Frauen beugen vor ihm das Haupt, und für manche hält er sogar das eigene hin. Vor ihm zieht jede/r gern den Hut.« Patricia Riekel

Grazien und Diven:
das schönste Geschlecht

Die schönsten, hinreißendsten Frauen gaben sich bei mir die Klinke in die Hand. Mit jedem Tag wurde die Liste von Sängerinnen, Models, Berühmtheiten jedes Alters länger. Eine hübscher, erfolgreicher, betörender als die andere. Die Filmfestspiele brachten Jahr für Jahr die wunderbarsten Schauspielerinnen und ihre männlichen Kollegen in die Stadt, bei der Verleihung der Goldenen Kamera oder der Bambis ging es nicht weniger prominent zu. Viele Stars kamen zu mir ins Geschäft, oder ich marschierte in ihre Hotelsuite, immer mein silbernes Köfferchen in der Hand. Am Abend strahlten sie im Blitzlichtgewitter auf dem roten Teppich.

Wer weiß, was mit mir geschehen wäre, wäre ich nicht ein solcher Bär. Wie sonst hätte ich die ganzen aufregenden Begegnungen aushalten sollen? Ich meine nicht eine verführerische Frau wie Claudia Schiffer, und da spreche ich immerhin vom schönsten Model Deutschlands für viele, viele Jahre.

Ich meine die ständige Anspannung, die Bereitschaft, auf einen Telefonanruf zu reagieren, was jeden Tagesplan über den Haufen zu werfen vermochte.

Ich meine einen Anruf wie den von der Queen. Selbstverständlich *lässt* Ihre Königliche Hoheit anrufen. Ein Vertreter der britischen Botschaft erkundigte sich, ob ich, im Fall des Falles, einspringen könne, wenn beim Besuch von Her Majesty in Berlin unerwartet eine versierte Hand gebraucht würde. Mir blieb die Luft weg – nicht we-

Ich liebe lange glatte Haare,
wie Gwyneth Paltrow sie trägt.

gen des Anrufs, sondern wegen der sensiblen Reaktion meines Mitarbeiters an der Rezeption: »Wenn Herr Walz Zeit hat, kommt er gern.«

Wie bitte? Dachte der Kollege, er würde mit einem Spaßanruf auf den Arm genommen, wie es mir zuweilen widerfuhr?

Wie Sie sehen, übertrieb es mein Team gewaltig mit der Fürsorge für mich. Elisabeth II. zu sagen, sie müsse sich brav hinten anstellen – ich war fassungslos.

Meine Erinnerung sagt mir, dass ich den Rezeptionisten lediglich verwarnt habe. Ich hätte ihn rausschmeißen müssen.

Claudia Schiffer zu frisieren war von Anfang an ein Vergnügen. Auch sie schätzte mich und wollte mich gleich bei einer ihrer ganz frühen Fotoproduktionen dabeihaben. Es handelte sich um ein Shooting in New York mit einem großen Fotografen. Schon da lag ihr die Welt zu Füßen. Allen war klar, welch atemberaubende Karriere das damals achtzehnjährige Mädchen machen würde. Ich flog also mit der Concorde nach New York. Wir hatten einen perfekten Arbeitstag, doch dann verschwanden die Aufnahmen in irgendeinem Giftschrank; der Frau des Auftraggebers hatte etwas missfallen.

Es klingt so leicht, die ganze Arbeit, wenn ich heute darüber nachdenke. Mir kommt es auch so vor, als sei alles einfach gewesen, von Marlene Dietrich angefangen. Bei ihr konnte ich nicht ganz so aufgeregt sein, wie ich es hätte sein müssen, ermaß ich doch kaum, wer da vor mir saß. Meine Mutter hatte mich auf meine sehr naive Frage hin zwar telefonisch aufgeklärt, aber es war doch eine Information aus zweiter Hand.

Entscheidend für meine Gelassenheit war eher, dass man als Zwanzigjähriger ein gesegnetes Unwissen hat, wie Karriere funktioniert. Hierarchien interessierten mich nicht, und wie leicht man bei Prominenten in Ungnade fallen kann, war mir noch unbekannt.

Das alles wusste ich nicht, es beschäftigte mich nicht und brachte mich schon gar nicht aus dem Häuschen. Kopf ist Kopf, Haare sind

Haare. Damit geht es los. Ich habe mir ein direktes, unverstelltes Verhältnis zu meiner Tätigkeit bewahrt. Der Moment zählt.

Wenn man Sachlichkeit ausstrahlt, ist jede Frau, die vor einem Platz nimmt, auch bereit, sich einzulassen auf das, was kommt. In erster Linie ist sie – neben der Anspannung – neugierig, was mit ihr geschehen wird. Was gibt es Wundervolleres, als dass sich jemand liebevoll und kompetent deiner Schönheit annimmt und alles daransetzen wird, sie noch ein bisschen leuchtender zu machen, ja sie möglicherweise sogar auf ganz neue Weise erstrahlen zu lassen?

Schwierig sind nur die Situationen, wo jemand ganz fix zu wissen meint, was für sie oder für ihn richtig ist. Erfüllungsgehilfe zu sein für abstrakte, dafür aber in Stein gehauene Wünsche – darum mache ich einen ganz großen Bogen.

Wäre ich diesem Vorsatz bloß treu geblieben. Dann hätte ich mich 1970 gegenüber einer Kundin anders verhalten, als ich es getan habe. Die junge Frau wollte ihr dunkles Haar blond färben lassen. Ich fand, dass ihr das überhaupt nicht stand, und sagte ihr das auch. Außerdem reiche bei einem Wechsel von dunkel auf blond eine Färbung in der Regel nicht aus. Die Dame bestand darauf, und ich gab nach. Erst später erfuhr ich, wen ich da vor mir gehabt hatte: Ulrike Meinhof. Auf den Fahndungsplakaten war sie mit dunklen Haaren abgebildet.

Die Siebziger und Achtziger waren die Jahre, wo ein Star etwas anderes war als das, woran wir heute bei dem Wort denken. Erinnern Sie sich an Anita Ekberg, wie sie in Federico Fellinis Film »La Dolce Vita« im Trevi-Brunnen in Rom ein Bad nimmt? Diese umwerfende blonde Schönheit, die sich vor unseren Augen selbstverliebt räkelt und im nächsten Moment von Fotografen umgeben ist, fast hautnah. Und doch ist da zwischen Star und Paparazzo ein Abstand. Eine Schranke. Respekt und Achtung.

Nehmen wir Maria Callas. Sie war sogar noch die gesteigerte Form des Stars: eine Diva. Sie war eine Persönlichkeit, jeder spürte das sofort. Sie umgab ein Raum, der sie unberührt hielt. Man wollte sie beschützen und es ihr angenehm machen. Manchmal denke ich, es hat vielleicht auch mit ihrem Leben mit der und für die Musik zu tun. Eine Sängerin aus dem ernsten Fach arbeitet mit ihrer Stimme, streng genommen ist das Aussehen sekundär. Das ist es selbstverständlich nicht, heute noch viel weniger als zu Callas' Zeiten. Bei Prominenten, wo sich alles ausschließlich um ihr Aussehen dreht, weil es ihr ganzes Kapital ist, fehlt dagegen ein Resonanzboden.

Die Stardirigenten und großen Tenöre kamen nach Berlin, Karajan, Leonard Bernstein, Placido Domingo, und ich durfte sie frisieren.

Und erst die Frauen, Catherine Deneuve, Sydne Rome, Helen Schneider, Jodie Foster. Gitte, Vicky Leandros, Milva. Olivia Newton-John machte mir das schönste Kompliment. Sie wurde gefragt, was ihr als Erstes einfiele, wenn sie an Berlin denke. »Udo Walz.« Mehr kann man doch gar nicht erreichen!

Bei Faye Dunaway ging es hoch her. Hatte ich mir zu viel oder zu wenig Mühe gegeben? Brauchte sie ein bisschen Bewegung nach zu langem Stillsitzen? Beinah artete unsere Begegnung in eine Kissenschlacht aus, allerdings mit Lockenwicklern. Die höchste Form der Respektsbezeugung, wie ich erfuhr. »You know how stars have to be.« Sie lachte über sich selbst.

Ein einziges Mal hätte ich allerdings vergehen können vor Scham. Alle Beteiligten wählten zu meiner Erleichterung eine andere Möglichkeit: Sie lachten schallend. Filmfestspiele Berlin 1978, Gena Rowlands saß vor mir. Mit dem Film »Opening Night« ihres Ehemannes John Cassavetes gewann sie den Silbernen Bären als Beste Darstellerin, sie verkörperte »das stärkste Frauenbild im Wettbewerb, eine der nachhaltigsten Figuren der Filmgeschichte überhaupt«, wie es hieß.

Ihre Haare sollten nachgefärbt werden, keine komplizierte, nur eine langwierige Prozedur. Die Farbstoffteilchen müssen oxidieren, um das Haar dauerhaft zu färben. Ich hatte die Lösung aufgetragen

Che bellezza! Bevor ich Sophia
Loren als Tischherr begleiten
durfte, sagte sie: »In Germania –
nur Udó!«

Sydne
Rome.

und das Haar abgedeckt, damit sich das Wunderwerk vollziehen konnte, doch als ich das Tuch lüftete, war die Katastrophe perfekt – die Haare waren von einer erschreckenden Blässe heimgesucht worden. Das schöne Blond, wohin war es verschwunden? Es sah schlimmer aus als bei Gräfin von Lahnstein in spe in »Verbotene Liebe«.

Mir wurde heiß. Gena Rowlands stand der Mund offen, so baff war sie. Ich hätte im Boden versinken mögen. Ich hatte vergessen, das Wasserstoffperoxid zuzusetzen, aber ohne dieses gelingt der Färbungsprozess nun einmal nicht. Ich hatte Glück – und Gena Humor. Wir lachten, und ich fing von vorn an.

Vor ihrer Abreise lud ich sie zum Essen ein. Der Silberne Bär hatte längst für beste Stimmung gesorgt.

Zu den unvergesslichen Begegnungen zählt Sophia Loren. *Die* Loren, die italienische Monroe, wie sie manchmal genannt wurde. Che bellezza! Ich durfte ihr die Haare machen, bevor sie am Abend im

Theater des Westens zu einer Aufführung eingeladen war. Als sie ein paar Jahre zuvor den Goldenen Bären für ihr Lebenswerk erhalten hatte, hatte ich sie schon einmal frisiert. »In Germania – nur Udó!« Was hätte ich Schöneres zu hören bekommen können?

Nach der Aufführung gingen wir essen, ich begleitete sie als Tischherr. Die Grande Dame war auch am Tisch groß: in eiserner Disziplin. Kein Alkohol, keine Kohlenhydrate, nichts Schweres. Ganz Gentleman passte ich mich an. Dabei hatte ich einen Mordshunger! Ich erinnerte mich wehmütig an ihren in jüngeren Jahren überall zitierten Satz, ihre Rundungen betreffend: »Alles was Sie sehen, verdanke ich Spaghetti!«

Wer bewundert, muss leiden – an diesem Abend bewunderte ich sie heftig.

Szenenwechsel. Diesmal keine Filmfestspiele – Musik war angesagt. Demi Moore bestellte mich zu sich ins Hotel, und wieder war der Mann mit dem silbernen Köfferchen unterwegs. Dabei fällt mir ein, die Manager der Schauspieler sind manchmal die schlimmsten. Ihnen kann man es nie recht machen. Sie tun so, als müssten sie für den britischen Kronschatz Sorge tragen. Mindestens. Nur einige echte oder selbst ernannte Public-Relations-Agenten übertreffen diese Manager noch. Da ruft einer aus Los Angeles an, erklärt mir, XY komme nach Berlin. Pause. Ob ich schon einmal einen Star frisiert hätte? Einen amerikanischen Star, fügt er am besten noch maliziös hinzu.

Was soll ich da antworten? Ja, da muss ich mal nachdenken …

Im Ernst: Entweder ich werde stinkig oder arrogant, ich kann das schon, wenn es sein muss, auch wenn ich wirklich selten so bin. Allerdings, das ist eher meine Art, kommt meistens der schwäbische Schaffer durch, der zu erzählen beginnt, von Gena Rowlands, Jodie Foster, Faye Dunaway, Karen Mulder, Julia Roberts. Ir-

Ob ich schon einen Star frisiert hätte, fragte er mich, einen amerikanischen Star. Ja, da muss ich überlegen …

169

gendwann werde ich unterbrochen. Offenbar habe ich doch nicht alles falsch gemacht.

Bis ich mit meinem Handwerkszeug einige Tage später vor der PR-Tante stehe. Die nächste Mauer.

Einmal im Adlon. Ich saß schon eine Stunde da und wartete. Keiner kann sagen, dass ich ungeduldig bin. Vorn am Schreibtisch thronte die junge Frau, die Public Relations mit dem Amt eines Torwächters von Fort Knox gleichsetzte. Irgendwann frage ich nach, höflich, ich wundere mich in solchen Momenten selbst über meine Gelassenheit. »Wie lang dauert das denn noch?«

Ihren possierlichen Satz habe ich noch im Ohr, als hätte sie ihn eben erst von sich gegeben: »You have to wait and have to be quiet.«

Du armer Drachen, dachte ich.

Ich stand auf und lief an ihr vorbei in die Suite. Mit der Schauspielerin war sofort alles klar. »This devil at the desk stopped me«, erklärte ich schulterzuckend.

Auch sie zuckte mit den Schultern, wir lachten, sie schloss die Tür, bot mir einen Kaffee an, und wir machten uns an die Arbeit.

Demi Moore.

Zurück zu Demi Moore, einem ganz reizenden Mädchen. Ich weiß, ich weiß, sie ist eine Dame. Aber für mich ist sie das Mädchen. Wir haben uns gut verstanden. Sie war gemeinsam mit ihrem Mann, Bruce Willis, da, er gab an dem Abend ein Konzert. Sie war in Eile, und dann dauerte alles doch länger als geplant.

Andie
MacDowell.

Bruce Willis schaute nervös ab und zu ins Zimmer, murmelte etwas wie »Seid ihr denn noch immer nicht fertig« und verzog sich wieder. Möglicherweise hat Demi jetzt sogar noch ein wenig langsamer gemacht, fast kam es mir so vor. Willis fuhr dann schon mal zur Halle. Zuvor ließ er uns eine Flasche Champagner bringen. Sehr nobel.

Dass er doch noch ein bisschen tobte, bevor er verschwand, trug Demi mit Gelassenheit. Ganz undamenhaft schickte sie ihm ein paar Sätze hinterher, wir sahen uns augenzwinkernd an und nahmen einen Schluck. Das ist wahre Größe, finde ich.

Für Gwyneth Paltrow arbeitete ich eine ganze Woche lang, als sie den Bambi verliehen bekam. Sie war ausgesprochen locker drauf. Morgens kam ich zu ihr ins Hotel, sie öffnete mir und verzog sich gleich wieder ins Bett. Das Bett war riesig, eigentlich mehr ein Ozean, also legte ich mich dazu. Wir quatschten ganz entspannt über dies und das, über Los Angeles, über Berlin, genauso, wie es Freunde tun. Irgendwann sagte ich: »I suppose you're in a hurry now, if you want to get ready.«

Ich liebe lange glatte Haare, wie Gwyneth Paltrow sie trägt.

Am Abend ihrer Filmpremiere kam sie nach Mitternacht in die Paris Bar. Ich saß in großer Runde mit Freunden an einem Tisch, sie steuerte sofort auf uns zu: »You are friends of Udo?« Dann gab sie jedem die Hand. Großes Hallo. »When you are friends of Udo, I'm a friend, too«, lachte sie. Ich fühlte mich sehr geehrt. Es wurde eine lange Nacht.

Am nächsten Morgen drückte sie mir im Hotel Kempinski den Blumenstrauß in die Hand, den man ihr am Abend zuvor auf der Bühne überreicht hatte. Was sage ich, ein Blumenstrauß – ein Blumenmeer! Er war bestimmt anderthalb mal anderthalb Meter groß. Der größte Strauß, den ich in meinem Leben gesehen habe. Sie verschwand ganz dahinter.

»Now you have a problem!« Ich wollte sie anlachen, musste hierfür jedoch erst einmal versuchen, an dem Buschwerk vorbeizulugen.

»No, not me«, erklärte sie strahlend. »This is a gift for you!«

Was für ein großes Mädchen!

Die Blumen in der Hand, marschierte ich in den Salon zurück. Ich hatte die Feuertreppe des Hotels nehmen müssen – das dezente Blumenarrangement passte nicht in den Aufzug.

Wer mich da auf den paar Metern bis zu meinem Salon gesehen hat, hat einen sehr glücklichen Menschen gesehen.

Andie McDowell lernte ich kennen, als sie noch nicht der Star von heute war. »Sex, Lügen und Video«, »Und täglich grüßt das Murmeltier«, später »Vier Hochzeiten und ein Todesfall« – lauter absolute Highlights. Vor ihrer Zeit als Schauspielerin und vor ihrem Durchbruch arbeitete sie als Model, meist für L'Oréal. Ich war oft in Los Angeles, wir waren uns bei einer Fotoproduktion begegnet.

Otto Sander. Sein Humor fehlt mir.

Ich mochte ihren Humor sofort. Sie kommt irgendwo aus den Südstaaten und war so, wie sie mir die Menschen dort beschrieb: ungekünstelt, bodenständig und einfach wahnsinnig! Bei ihr zu Hause gäbe es nicht ein paar Originale und sonst lauter Normale, das Verhältnis sei da genau umgekehrt.

Sie hat mir das Rollschuhlaufen beigebracht. Abends gingen wir in L.A. in eine Rollerdisco und drehten unsere Runden. Leider fanden unsere Sportausflüge ein jähes Ende, als sie sich das Bein brach. Was für eine vor Leben sprühende Frau.

Eva Longoria.

Die Zeiten, da sich die Stars den Friseur ihres Vertrauens aussuchen konnten, sind lange vorbei. Heute hat jede Schauspielerin einen Vertrag mit einem großen Haarpflegeunternehmen. Das wiederum hat Verträge mit Hausfriseuren, da gibt es keinen Spielraum mehr. Ganz abgesehen von den Ansprüchen der Stars. Wenn sich Jennifer Lopez heute auf einem roten Teppich zeigt, wird sie zuvor von drei Stylisten umschwirrt: einer für die Augenbrauen, einer für den Pony und einer, der föhnt. Was hatte ich für schöne Zeiten mit den schönsten Frauen!

Von einigen Models, mit denen ich gearbeitet habe, habe ich schon erzählt. Eine der stilvollsten und gänzlich untypischen war Carla Bruni. Es ist vielleicht zwanzig Jahre her, dass sie bei einer großen Modenschau auftrat, ich glaube, sie war das »Gesicht des Jahres« an diesem Abend. Irgendwann verlor sie ihr Notizbüchlein. Große Aufregung, sie war todunglücklich. Heute weiß alle Welt, welche Adressen darin verzeichnet waren, fürwahr nicht die unattraktivsten Männer. Zufällig entdeckte ich das Büchlein und gab es ihr zurück.

Überschwänglich fiel sie mir um den Hals. »Whenever you want, there is one wish free for you!« Das Versprechen trage ich seither bei mir. Who knows.

Und die Männer? Bei Ben Kingsley konnte ich meine Kunstfertigkeit voll ausspielen. Vor der Verleihung der Goldenen Kamera stellte er sich mit weit ausgebreiteten Armen vor mich: »Mit meinen Haaren können wir nichts machen.« Dachte er. Konnten wir aber doch. »Wir pudern die Glatze ab. Die darf nicht glänzen!«

Ich bin mit vielen Schauspielern gut befreundet, ohne die Schere in der Hand. Otto Sanders Tod hat mich getroffen. Sein trockener Humor, der Klang seiner Stimme, sein ruhiger, intensiver Blick fehlen mir.

Die Zeiten, wo sich die Stars den Friseur ihres Vertrauens aussuchen konnten, sind lang vorbei. Doch bei Carla Bruni habe ich noch einen Wunsch frei.

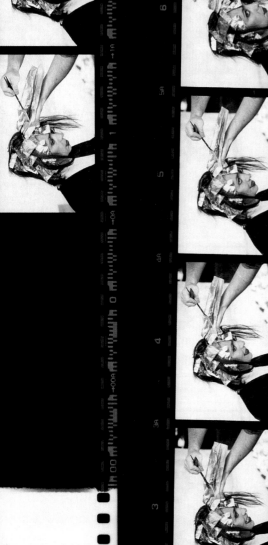

Die stillen Stars

Auch wenn die Liste berühmter Kunden weiter wuchs – noch viel länger war die Liste mit den treuen Kundinnen und Kunden, die keinen besonderen Namen trugen, sich aber wohlfühlten in meinen Salons und mir die Treue hielten. Und das bis heute. Sie sind meine eigentlichen »Stars«. Sie sind es, die meinen Erfolg ausmachen. Für sie stehe ich jeden Tag gern in meinem Geschäft.

Bis vor einiger Zeit arbeitete ich häufig für einen oder zwei Tage in allen meinen Salons. Heute kommen die Kundinnen, die zu mir wollen, in das Geschäft Uhlandstraße 181, im Kempinski Plaza in Charlottenburg, hundert Meter neben dem Kurfürstendamm.

In den Achtziger- und Neunzigerjahren eröffnete ich mehrere neue Geschäfte. 1981 ging es mit einem Salon im Hotel Steigenberger in Berlin los, ein erster Laden auf dem Ku'damm folgte ein paar Jahre später. 1996 eröffnete ich ein Geschäft am Roseneck im Stadtteil Grunewald.

Mit zwei Geschäften, einem in Potsdam und einem in München, wagte ich den Schritt über Berlin hinaus. Beide Läden liefen von Anfang an sehr erfolgreich. In Potsdam ließen sich nach der Wende viele Zugezogene nieder, die in Berlin arbeiteten, aber im Grünen und am Wasser wohnen wollten. Die herausgeputzte Residenzstadt bot sich dafür an. Mit meinem Salon wurde ich ein Teil dieser neu belebten, vornehmen Atmosphäre.

In der bayerischen Metropole musste ich dagegen Lehrgeld zahlen. Die Kundschaft war so begeistert wie überall, doch mit der Geschäftsleitung vor Ort klappte es nicht. Geld verschwand aus der Kasse, alles Mögliche stimmte nicht. Ich hätte eine strenge Aufsicht führen müssen, die ich nicht gewohnt war und die ich auch nicht wirklich installieren wollte. Wir arbeiten alle, weil wir Geld verdienen wollen. Fehlt jedoch das Grundvertrauen, verlässt mich schlagartig die Lust.

Auch solche Erfahrungen gehören dazu. Sie zeigten mir, dass ich gut daran tat, mich auf Berlin und Umgebung zu konzentrieren. Ich möchte meine Mitarbeiterinnen und Mitarbeiter kennen, und am liebsten sogar meine Kundinnen und Kunden. Und wenn ich das schon nicht kann, will ich den Kunden auf alle Fälle ein von mir geschultes Personal bieten, das genau weiß, worauf es mir ankommt, und bei dem ich mich darauf verlassen kann, dass es seine Arbeit gern macht. Darauf haben meine Kunden Anspruch.

Ich weiß wohl, einige wenige sehr berühmte Kollegen haben sich mit ihrem Namen ein weltweites Imperium aufgebaut. Das war nicht mein Weg. Nach der Münchener Erfahrung war ich mir sicher: Lieber ein kleines, überschaubares Unternehmen führen, bei dem du immer weißt, wer was macht, als zu einem Manager werden, der nur noch Zahlen und Margen und Ergebnissteigerungen im Kopf bewegt. So ein Geschäftsmann war ich nicht und wollte ich nie werden.

Das neue Berlin brachte mir ständig neue Kunden. Der Fall der Mauer, die Welle von neuen Einwohnern, überhaupt die große Ausstrahlung, die die Stadt entwickelte, das alles sorgte für einen ständigen Zustrom.

Und jedes Mal saßen ganz andere Menschen vor mir. Vielleicht sollte ich eine Sittengeschichte der Berliner Republik in ihrem ersten Vierteljahrhundert schreiben. Sie würde beginnen mit den vielen Menschen aus der früheren Deutschen Demokratischen Republik, die zu mir kamen. Prominenz aus Funk und Fernsehen, Regina Thoss, Helga Hahnemann, Ute Freudenberg, Frank Schöbel. Sie kamen einfach zur Tür herein wie Ute Freudenberg, die mir die Hand schüttelte und sich vorstellte: »Ich singe.« Wir sind ein gemischtes Team von Kolleginnen und Kollegen, wenn bei mir einmal der Groschen nicht gleich fiel, sprang sofort einer von ihnen ein und sorgte für Herzlichkeit.

An einige modische Kühnheiten wollte ich mich allerdings gar nicht erst gewöhnen. Wenn vieles grau ist, flüchtet sich der Mensch ins Bunte. Für manch einen Kopf bedeutete das: oben dunkel, unten hell. Oder oben rot, unten schwarz. Oh nein, nicht mit mir! Ich spielte da nie mit, und es war gar nicht schwierig: Eigentlich alle ließen sich gern beraten. Chapeau, ich war beeindruckt.

Seit der Jahrtausendwende ist der Ansturm von Hauptstadt-Besuchern größer denn je. In Zeitungen stand, mein Laden auf dem Ku'damm sei eines der beliebtesten Fotomotive der Touristen, gleich nach dem Brandenburger Tor.

Wie viele Ehepaare ihren Berlinausflug mit einem Besuch in meinem Salon verbinden, erlebe ich seither jedes Wochenende. Zu nachtschlafender Zeit steigen die galanten Herren mit ihren Damen irgendwo in Deutschland ins Auto, nachdem sie einige Wochen zuvor einen Termin bei mir im Laden vereinbart haben. Manche Männer wissen einfach, was bei Frauen ankommt! Sogar aus Österreich und der Schweiz kommen die Kundinnen angereist.

Schwer zu toppen ist die Geschichte der Fabrikantentochter aus Ohio, die alle drei Monate bei mir vorbeischaut. Der jungen Dame steht der Sinn überhaupt nicht nach einer Sightseeing-Tour durch Berlin; ihr Tagesplan umfasst einen einzigen Programmpunkt: Haare machen lassen bei Udo Walz.

Einmal gab ich mir einen Ruck und fragte sie, ob ich ihr einen guten Friseur in New York empfehlen dürfe. Sie lachte nur. Adressen hätte sie selber, sie habe auch schon einige ausprobiert. Über das Ergebnis brauchte ich nicht zu spekulieren: Nach drei Monaten saß die selbstbewusste Amerikanerin wieder vor mir.

Berühmter kann ich vermutlich nicht werden.

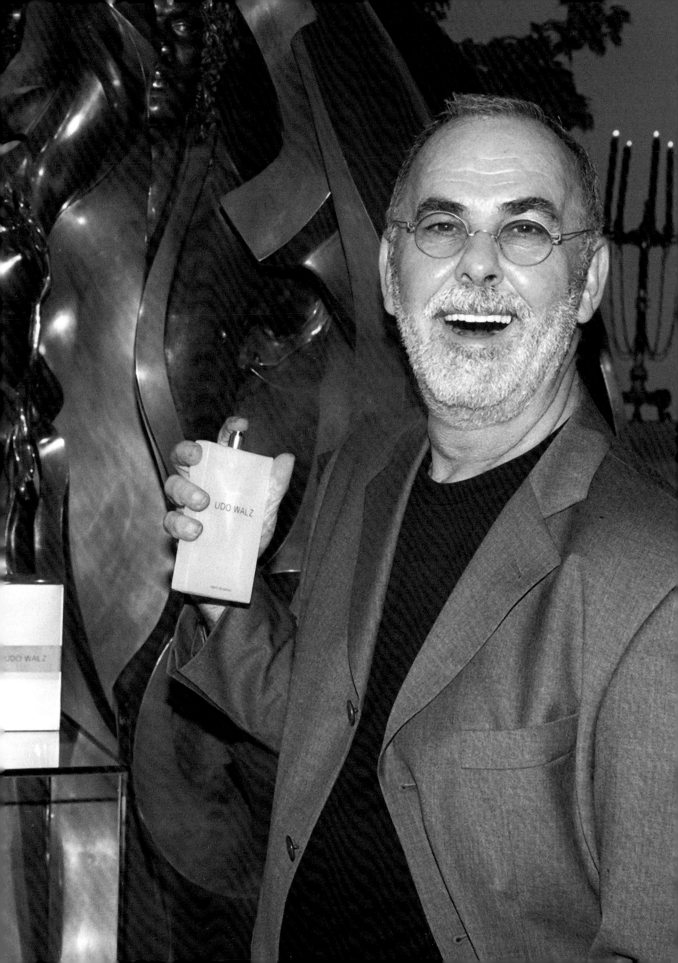

4 DAS LEBEN IST KEINE GENERALPROBE

Im Land der Orangen

Mit Fluchtorten habe ich es nicht so. Ich bin in fünfzig Jahren über Charlottenburg nicht hinausgekommen, erzähle ich immer, und das ist so wahr wie gelogen. Auf alle Fälle bin ich sesshaft. Seit ich mein Leben selbst in die Hand genommen habe, habe ich dafür gesorgt, dass ich mich wohlfühle. Dazu gehört ein Zuhause, in dem ich jedes Zimmer, jede freie Fläche exakt nach meinen Vorstellungen gestalte. Dass ich nur selten zu Hause bin, okay, das steht auf einem anderen Blatt. Dazu gehören ein paar Routinen, ohne die ich verloren wäre. Regelmäßige Verabredungen, entspannte Sonntagvormittage. Dazu gehören meine Buddhas, an deren Religion ich nicht glaube. Dazu gehören meine Hunde Oskar und Lola. Seit Neuestem gehören die Vögel in meinem Garten dazu. Im Winter hänge ich Meisenknödel auf und beobachte morgens beim Kaffeetrinken, wie geschickt die flinken Tiere im Flug die Körner picken und wie neidisch ihnen die Tauben dabei zusehen. Manchmal setzt dann eine zum Flug an und will es den Meisen nachmachen. Es klappt nie. Die plumpen Tiere knallen im Flug gegen den Knödel und drehen gurrend ab.

Seit Langem gehört auch mein schlechtes Gewissen dazu, weil ich mich viel zu wenig bewege. Bei meinen sporadischen Versuchen, daran etwas zu ändern, entdeckte ich an einem Herbsttag vor vielen Jahren die Pfaueninsel. Läge sie nicht gleich um die Ecke, hätte sie ein

Fluchtort werden können, wer weiß. Die Male, da ich es geschafft habe, am frühen Abend hier zu sein (um neun Uhr werden alle Naturfreunde mit einem großen Besen wieder aufs Festland gekehrt, da kennt der Berliner kein Pardon), war es wie eine Reise in die Ferne. Wenn über der Havel die Sonne untergeht, kann man sich an jeden anderen Ort versetzt fühlen, an jedes Meer. Probieren Sie es mal aus, es ist verblüffend. Bis dann der Parkwächter kommt.

Vor fünfzehn Jahren habe ich ein Paradies ganz ohne Parkwächter gefunden. Eine gute Freundin hatte mich geschnappt, am Bahnhofsschalter zwei Tickets gelöst, *Lass dich überraschen!*, und schon blieb die Stadt hinter uns zurück. Am Ziel angekommen, ließen wir uns an den Ortsrand bringen und liefen los.

Nach wenigen Minuten sah ich es: ein ganzes Tal voller Orangen. Endlose Reihen von Orangenbäumen erstreckten sich vor uns, über und über mit Früchten behangen. Ein Fest für Augen und Nase.

Sabine Christiansen hatte mich nicht lange beschwatzen müssen, sie auf Mallorca zu besuchen. Der Flug dauert kürzer als eine Autofahrt nach Frankfurt, und wenn man in Palma am Flughafen aussteigt, ist man wirklich jenseits von Deutschland. Von einem auf den anderen Moment kam ich mir schrecklich grau und ausgelaugt und alt vor, ein bleicher Großstadtzombie mit abgestumpften Sinnen. Aber wie schnell sich die Lebensgeister hier unter der Sonne wieder zu regen beginnen! Die Tomaten riechen, die Zitronen riechen, das Olivenöl, dem ein Hauch Zitrone beigesetzt ist, duftet, die Feigen und die Aprikosen sind süß von der Sonne, und die Blumen überwuchern den Garten, als säße man im Paradies.

Unter Orangenbäumen wandelnd waren wir bei unserem Nachmittagsausflug wirklich im Paradies. Wie Halbwüchsige fielen wir gierig über eine Frucht her und schwelgten in einem Sinnesrausch. Ein Pfirsich ist nur dann wirklich reif, wenn du in ihn hineinbeißt und dir der Saft bis zum Ellenbogen hinunterläuft. Als Kind hatte ich das einmal jemand sagen hören und war von dem Bild so beeindruckt, dass ich es nie vergaß. Jetzt tropfte mir der Saft einer Orange von Mund, Kinn und Ellenbogen. Herrlich.

Ich habe Sabine Christiansen kennengelernt, als sie 1998 ihre Talkshow am Sonntagabend im Ersten Programm startete. Vor jeder Sendung ging ich in das Studio am Breitscheidplatz in Charlottenburg und frisierte sie. Sonntag für Sonntag erlebte ich die Konzentration und die Anspannung, die in so einem Moment herrscht, aber auch wechselnde Stimmungen, unterschiedliche Tagesform. Das schweißt zusammen. Ich versuchte, meinen Teil zu einer entspannten Atmosphäre beizutragen. Dass ich sogar im Abspann erwähnt wurde, machte mich ein bisschen stolz. Die Geste war schön.

Kein Durchkommen auf dem Paseo del Borne von Palma: Mein erster Salon auf Mallorca wird eröffnet.

»Sabine Christiansen«, wie der Talk hieß, wurde als die damals einflussreichste politische Sendung der Republik bezeichnet. Sie bereitete einer Form von Politikunterhaltung den Boden, wie sie heute auf allen Sendern läuft. Keiner Nachfolgesendung gelang es allerdings, die Aufmerksamkeit der gesamten Fernsehrepublik noch einmal so auf sich zu ziehen. Ich bewunderte Sabine für ihre souveräne Art, den Mächtigen Meinungen und Neuigkeiten zu entlocken und dabei unabhängig und gelassen zu bleiben. Als Ausgleich zum Berliner Politikkarussell hatte sie Mallorca für sich entdeckt und irgendwann auch mich auf die Insel gelockt. Da waren wir längst gut befreundet.

Ein paar Wochen nach meinem ersten Mallorca-Abstecher rief mich Sabine in Berlin an. Die Gute kann herrlich direkt sein: Ob ich nicht einen neuen Salon aufmachen wolle? Ein Freund von ihr besaß einen Stadtpalast in der Altstadt von Palma, zufällig war das Geschäft im Erdgeschoss frei geworden. Alles könnte ganz schnell gehen – ob ich nicht Lust hätte?

Ich hatte große Lust. Ich bin kein Bruder Leichtfuß, aber wenn mir eine Idee gefällt, bin ich schnell dabei. Außerdem finde ich solche Geschichten fabelhaft: weil sie sich nur mit Freunden schreiben lassen. Alles sieht wie Zufall aus, ist es aber überhaupt nicht.

So ließ ich mich doch noch einmal auf eine Neugründung ein. Drei Monate später war Eröffnung. Ich bin einigen Rummel gewohnt, doch dieser Abend verschlug mir die Sprache. Nach einer Stunde musste die Polizei die Straße sperren und den Verkehr umleiten. Es waren viel zu viele Menschen in den Räumen des Salons und auf der Straße davor, die sich zuprosteten, nach Prominenten Ausschau hielten und sich in einem herrlichen deutsch-spanischen Kauderwelsch erzählten, was sie an Mallorca liebten. Fünfunddreißig Jahre zuvor war die Berliner Baupolizei zur Eröffnungsparty meines ersten Salons im ersten Stock eines Mietshauses gekommen, weil sich in den Räumen zu viele Gäste tummelten. Die Statik des mallorquinischen Stadtpalasts war diesmal nicht bedroht, nur gab es schlicht kein Durchkommen mehr. Ich war begeistert. So konnte es weitergehen.

Wenn nur ein Viertel der Eröffnungsgäste in den nächsten Tagen als Kunden kommen würden, korrigierte ich erhitzt und euphorisiert den Businessplan nach oben, würden wir den Ansturm kaum bewältigen können. Ganz so war es dann nicht, aber der Laden lief vom ersten Tag an gut.

Ich hatte gar nicht gewusst, wie viele Deutsche das ganze Jahr über auf diesem besonderen Flecken Erde Urlaub machen. Ein bisschen ist es Neugier, ein bisschen die Urlaubsstimmung, wenn Mallorca-Besucher das erste Mal in meinen Salon herein-

Am Freitagabend flog ich nach Palma, am Montagabend war ich zurück in Berlin. Samstags und montags frisierte ich auf der Insel.

schauen, und ab da ist es ein lieb gewonnenes Ritual: Wenn ich wieder auf Mallorca bin, geh ich zum Friseur. Zu »meinem« Friseur.

Die lockere Stimmung, in der sich viele befinden, wirkt sich rundum günstig aus. Endlich einmal geht es nicht um Job und Karriere und Pflichten, sagen sich viele und atmen innerlich auf. Jetzt wollen sie sich etwas gönnen, aus purem Vergnügen. Und Anlässe wie eine Hochzeit, ein Geburtstag, ein Strandfest gibt es auch hier genug. Zum Schluss nehmen sie gern ein Souvenir mit, ein nützliches noch dazu, und suchen sich etwas aus meiner Haarpflegeserie aus. So entspannt kann es zugehen.

Bald nach der Eröffnung wurde ich von einer deutschen Hotelgruppe angesprochen und eingeladen, einen zweiten Salon auf der Insel einzurichten. In Palmanova stand das nagelneue Hotel St. Regis Mardavall vor der Eröffnung. Von meinem Ausflug zu den Orangen kannte ich das Tramuntana-Gebirge bereits, nun bildeten einige Berggipfel die grandiose Kulisse am Horizont. Ich kam aus dem Staunen nicht heraus: eines der schönsten Häuser des gesamten Mittelmeerraums! Wie hätte ich Nein sagen können. Schnell wurde das Haus zur ersten Adresse auf der Insel. Entsprechend international geht es hier zu, auch im Salon.

Mehrere Jahre lang pendelte ich zwischen Berlin und Palma de Mallorca. Am Freitagabend stieg ich in eine Maschine Richtung Süden, am Montagabend war ich wieder in Berlin. Samstags und montags frisierte ich, und am Sonntag sah ich mir die Insel an.

Als im zweiten Stock über dem Salon eine Wohnung frei wurde, sagte ich gleich wieder Ja. Ein Appartement, mitten im Herzen von Palma, mit ganz viel Grün vor den Fenstern. Ich genoss es, in den hohen, lichtdurchfluteten Räumen aufzuwachen und ein paar Häuser weiter am Paseo del Borne zu frühstücken.

Die Wohnung war viel zu schön, um so oft leer zu stehen. Ich lud alle Freunde ein und wusste: Ein wunderbares Quartier für ihren Urlaub war ihnen sicher. Nach ein paar Jahren wurde mir das Vergnügen für die Tage, an denen ich selbst da war, aber doch zu teuer. Seitdem wohnte ich wieder im Hotel.

Zu meinem 59. Geburtstag lud ich alle Freunde auf die Insel ein und feierte mit ihnen zusammen. Viele waren sowieso da, weil sie selbst ein Häuschen besaßen oder zumindest gute Freunde hatten, bei denen sie unterschlüpfen konnten. Patricia Riekel, Michael Spreng, Ildikó von Kürthy, Désirée Nick, Judy Winter, Brigitte Grothum, Dagmar Siegel, Lambert Monet, Journalisten und Hoteliers von Mallorca, alle kamen.

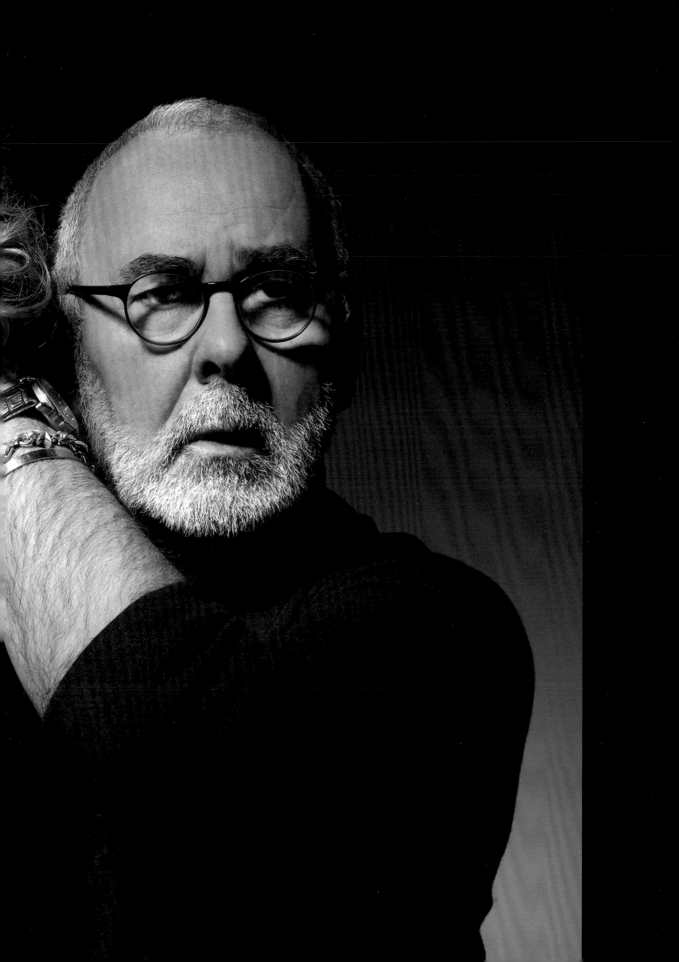

Sabine Christiansen:
The Famous Touch

Neulich beim Friseur. Sehr früh am Morgen.

Eine Frau betritt möglichst unauffällig den Salon. Berlin-Charlottenburg, Uhlandstraße. Sie ist noch etwas winterblass, ungeschminkt, unfrisiert. Für die in einer Stunde beginnende Pressekonferenz soll das Gesicht samt einrahmender Frisur ja erst hier zu einem fertigen Gesamtbild werden.

Sie schleicht auf einen freien Platz in der Ecke, aber da tönt es durch den ganzen Raum: »Ach, Frau CHRISTIAAAAANSEN, guten Morgen!« Schon findet sie sich in der Mitte des Salons und der Aufmerksamkeit aller wieder. Je mehr AAAs der Name enthält und je lauter er von Udo Walz gerufen wird, umso mehr Pressevertreter befinden sich im Laden. Ein Fernsehteam oder ein Fotograf ist eigentlich immer in irgendeiner Ecke des Salons zu finden.

Ist mal wirklich keiner da, heißt die Frau nur »mein Schatz«. Ohne Nachnamen.

Alle »Schatzis« und »Darlings« und »gnädigen Frauen«, die »verehrte Bundeskanzlerin, Ministerin« et cetera und überhaupt alle sind dem Charmeur erlegen. Damen jedwedes Alters. Nie hat eine besser ausgesehen als heute, nie war sie schlanker, schöner – ach wirklich, nur durch Wassertrinken? –, nie war es wunderbarer, sich endlich wieder einmal hier zu sehen.

Sabine Christiansen startete ihre Talkshow 1998 in Berlin.
Bald waren wir sehr gut befreundet.

Udo Walz gibt jedem und jeder das Gefühl, es so zu meinen. Und er meint es auch so, genau so. Dutzende Male, jeden Tag, rund fünfzig Meisterfriseurjahre lang …

Haare waschen, schneiden, legen – gut, das können die hervorragenden Kolleginnen und Kollegen des Figaro übernehmen. Dafür ist man ja nur nebenbei hergekommen.

Hauptsache, der Meister übernimmt die Begrüßung und die Begut-achtung. Schließlich der *famous last touch*, seine Zauberhand. Und Haarspray und Ende. Wie schade, schon ist das Ereignis wieder vorbei. (Manchmal inklusive Berliner Gesellschaftsnews.)

Und alle, die ABC-Promis, Holly-wood-Stars, Society-Ladys, arabi-schen Prinzessinnen, gestressten Managerinnen, heimlichen Beautys und wer sonst noch den Walz-Schliff sucht, alle fühlen sich zufrieden. Schöner. Gesehen.

Sie alle, wir alle, sind das Gefolge. Das eigentliche Ereignis ist der »Frisör« (U. W.) selbst. Er genießt es.

Wir wissen es und lieben ihn dafür.

Hinter der im Sean-Connery-Style lächelnden Fassade steckt der eigentliche Mensch, den ich liebe. Ein sensibler, ein großzügiger, ein weltoffener Mensch ohne Vorurteile, ein Familienmensch wie sein Partner Carsten. Ein Freund, der Hunderte von Kilometern an einem Tag zur Beerdigung des Vaters der guten Freundin fährt.

Für mich sind die wunderbarsten Kunden im Salon die Damen und Herren, die Udo Walz seit Jahrzehnten treu sind. Ganz ohne Küsschen hier und Bussi dort. Falls bei jemandem von ihnen einmal die Rente nicht mehr reicht, seine Preise zu zahlen, müssen sie es bei ihm auch nicht. So ist Udo!

Alles ist möglich

Natürlich hat es mich immer gefreut, wie viele Politikerinnen und Politiker meine Dienste schätzten. Ich durfte Bundespräsidenten frisieren, von Richard von Weizsäcker über Roman Herzog bis zu Johannes Rau. Einmal kam ich zu Roman Herzog zwei Minuten nach der vereinbarten Zeit. Tadelnd empfing er mich unter den Eingangssäulen von Schloss Bellevue: »Sie kommen zu spät, Herr Walz!«

Zu Christiane Herzog hatte ich bald einen freundschaftlichen Kontakt. Ich empfand es als Auszeichnung, gemeinsam mit ihr zu einem Benefizabend ihrer Stiftung für an Mukoviszidose Erkrankte einladen zu dürfen.

Auch Bundeskanzler gaben mir die Ehre, Gerhard Schröder ebenso wie Angela Merkel. Nur mit ihrem Vorgänger, dem Patriarchen aus Oggersheim, kam ich nicht über einen Termin hinaus. Sechzig Mark erschienen ihm zu teuer, und er kehrte zu seinem Ludwigshafener Stammfriseur zurück.

Wenn das Prominentenkarussell erst einmal anspringt, dreht es sich bald schneller und schneller. Ich spürte das, als ich immer öfter kleine TV-Gastrollen angeboten bekam, ich war in den ulkigsten Zusammenhängen auf der Mattscheibe zu sehen. Der nächste Schub meiner Bekanntheit.

Ich selbst bin leidenschaftlicher Fernsehgucker. Auf dem Sofa liegen und sich die Welt nach Hause bringen lassen, ist das nicht großartig? Am liebsten sehe ich CNN. Die Beiträge haben Tempo, aus

Richard von Weizsäcker, Johannes Rau, Roman Herzog:
Es war mir eine Ehre, die Bundespräsidenten zu frisieren.

nüchternsten Sachverhalten schnitzen die Reporter eine spannende Geschichte. Doch ich muss mich gar nicht für alles interessieren und jeden Beitrag aufmerksam verfolgen. Auf einen Bericht über portugiesische Bauern, die nicht wissen, wie sie ihre Felder bestellen sollen, weil sie mit dem Verkauf des Gemüses nichts verdienen, folgt eine Reportage über die Arbeitsbedingungen in chinesischen Lagerhallen, wo Handys zusammengebastelt werden oder Turnschuhe oder Spielzeug. Und schon sind wir in den USA und sehen eine Gespensterstadt: Das einst mächtige Detroit erscheint wie eine Filmkulisse, die seit zwanzig Jahren Wind und Wetter ausgesetzt ist. Dazwischen Werbung für brasilianische Strände oder irgendein Emirat. Werbung für Sand, darauf muss man kommen!

Soll ich Ihnen verraten, warum ich das so prima finde? Ich schlafe herrlich dabei ein und verpasse gar nichts. Jemand hat es einmal folgendermaßen beschrieben, warum er vor dem Einschlafen Krimis liest: Das sei Radiergummi für sein Gehirn. Ich setze mich vor die Flimmerkiste.

Meine erste eigene Begegnung mit dem Medium vor der Kamera war die Sendung »Montagsmaler« in den Siebzigerjahren. Ich trat damals zusammen mit Gitte, der charmanten Sängerin, und meiner Kollegin Marlies Möller auf. Damals bildete man Teams und spielte gegeneinander. Werde ich heute, vierzig Jahre später, zu »Halli Galli« oder ähnlichen Formaten ins Privatfernsehen eingeladen, was oft geschieht, ist das wie der Wechsel von einer Postkutsche zu einer Rakete, die mich zu einer extraterrestrischen Raumstation befördert. Nach turbulenter Reise kommt man an und wundert sich. Alle sitzen herum, reden nicht miteinander, aber rufen sofort mit den Smartphones ihrer Kollegen Prominente an. Die natürlich sofort wissen, dass sie auf die Schippe genommen werden und müde abwinken. Mehr passiert eigentlich nie.

Das Schöne an Livesendungen ist, dass man nichts wiederholen kann. Ich habe schon in Filmen mitgespielt, wo bis zu zehn Wiederholungen einer Szene stattfanden. Schauspieler sind nicht zu beneiden, sie brauchen starke Nerven. Bei Shows mit Publikum gilt allein der Augenblick, das entspricht mir. Ich spiele mich dann einfach selbst.

Wenn ich so darüber nachdenke, Fernsehsendungen und Friseurtermine haben mehr miteinander zu tun, als Sie vielleicht glauben. Zuerst sitzen die Redakteure zusammen und beschließen in der Programmkonferenz, was in der Sendung gemacht wird. Nichts anderes geschieht bei einem Kundentermin bei mir im Salon. Wir überlegen uns, was zu tun ist, und in diesem Moment ist im Prinzip alles möglich: Lieber einen Mittelscheitel oder die Haare doch nach hinten gekämmt? Wie immer streng oder diesmal locker? Wie bestimmte Programmplätze für manche Inhalte mehr und für andere überhaupt nicht geeignet sind, so wird auch nicht jeder Frau alles stehen. Am Ende sollen aber alle sagen: Wow, das ist gut!

Friede Springer.

Vor ein paar Jahren veranstaltete der Südwestrundfunk ein richtiggehendes Udo-Walz-Freundestreffen. Für die Krimireihe »SOKO Stuttgart« spielte ich in der Folge »Um Haaresbreite« einen Designer, der jeden Tag zu seinem Friseur geht. Der Friseur wird ermordet, und alle sind verdächtig: die Salonchefin, gespielt von Barbara Becker, die Kollegin, die mit dem Toten ein Verhältnis hatte, dargestellt von Ursula Karven. Als Täterin war noch Sonja Kirchberger mit dabei. Diesmal hätten die Dreharbeiten endlos weitergehen können, bei diesem

Auch Bundeskanzler kommen zu mir in den Salon.

Team! Wäre ich nicht so faul gewesen, hätte ich richtig was lernen können von meinen Schauspielerfreundinnen und ihrer Professionalität. Ich fürchte, ich habe sie bloß bewundert.

Ich finde es lustig, für welche Rollen ich ausersehen werde. Hier war ich ein haarversessener Designer, in »Meine wunderbare Familie« spielte ich einen Pastor, in »Notruf Hafenkante« einen versoffenen Penner. Vadim Glowna gab mir in seinem Film »Der Brocken« eine kleine Rolle als Anwalt. Einen klaren Hinweis auf die Sozialkompetenz, die ich offenbar ausstrahle, vermag ich diesen Rollen beim besten Willen nicht zu entnehmen.

Ganz oft bin ich natürlich: der Friseur. Zum Beispiel bei »Big Brother«. Viele Bekannte rieten mir davon ab, bei der Sendung mitzumachen. Sie empörten sich, das sei niveaulos und rufschädigend. Doch, das mach ich, entgegnete ich. Ich bin froh, dass ich nicht auf sie gehört habe.

Es hat mir Spaß gemacht. Ich war nur eine Stunde in dem Container und habe einer Frau und einem Mann die Haare gemacht. Die Frau hat sich gleich in mich verliebt, wurde mir später kolportiert, aber vielleicht gehört das zu den Tricks der Sendung: immer Dampf machen und auf die Tube drücken. Ich hab mich jedenfalls prächtig amüsiert. Ich finde, dass ich nicht das Abendland retten musste, indem ich so eine Sendung kritisierte oder verdammte oder meinetwegen auch rechtfertigte. Die Resonanz war enorm: Sogar heute noch werde ich manchmal angesprochen auf die Sendung.

Mit dem kleinen Überraschungsfilm »Nina, du trägst die Haare schön« bei »Verstehen Sie Spaß?« ergeht es mir ähnlich. Wobei ich da ja gar nicht wusste, dass ich ein Akteur war. Alles ging wie geplant schief, grandios schief. Nur ich wusste als Einziger nichts ... Dass ich in dieser anwachsenden Katastrophenstimmung fast ruhig blieb, wundert mich nicht. Aber ich amüsiere mich jedes Mal köstlich, wenn ich sehe, wie ich auf den verzweifelten Ausruf der Braut »So heiratet der mich nie!« für einen Augenblick aus der Haut fahre und sie anschreie: »Mensch, das kriegst du doch hin! Ich nehm dich auf den Arm, zum Donnerwetter!«

Kurz darauf ist es mit meiner Gemütsruhe vorbei. Ratlos brause ich auf: »Also, ich hab schon die Barbra Streisand frisiert, die war nicht so schwierig! Und die ist doch auch ein Star, oder?« Gleich danach muss ich lachen, so komisch finde ich den Satz und mich in dem Moment.

Der Beitrag wurde für das Fernsehpublikum so anmoderiert: Kim Fisher kenne Udo Walz, deshalb sei es ihr gelungen, Walz dazu zu überreden, dass er ihrer

Christiane Herzog schenkte mir zu Weihnachten selbst gemachte Marmelade.

Cousine Nina die Hochzeitsfrisur macht. Und dann: »Ein Privileg, das ein Haar-Star wie Udo Walz nur ausgewählten Kunden zugesteht.«

So ein Quatsch! Wenn ein Friseur keine Privilegien verteilt – was ist das überhaupt für ein Wort, ich bitte Sie! –, dann bin ich das.

Noch ein zweites Mal muss ich lachen in dem Film. Und zwar als der Bräutigam scheinbar unschuldig fragt: »Alles okay hier?« Da hat der Kaffee das Hochzeitskleid längst ruiniert, die Augen sind verschmiert und die Haare noch ein wilder Kampfplatz. »Ja«, sage ich, zögere kurz, denn eigentlich will ich nicht lügen, und füge geistesgegenwärtig hinzu: »Ja, wir arbeiten hart.« Angesichts der Tatsachen eine geniale Antwort, finden Sie nicht?

Für den Mitteldeutschen Rundfunk drehte ich unlängst mit René Koch zusammen neue Folgen von »Mein schönster Tag«. René als Visagist und ich als Friseur empfangen bei uns in Berlin eine vom Sender ausgewählte Dame zu einem kompletten Styling. Ich bin ein großer Freund solcher Vorher-Nachher-Geschichten. Da wird nicht getrickst, sondern gezeigt, wie jede Frau fast unendlich viele Möglichkeiten hat, mehr aus ihrem Typ zu machen. Dann wird noch ein passendes Outfit zusammengestellt, und am Abend schließt der Besuch einer Veranstaltung den »schönsten Tag« ab. Das Fernsehen macht es vor: Alles ist möglich.

Ich mag das Fernsehen, weil es entspannt und unterhält. In Berlin habe ich meine eigene Talkshow im Fernsehen, in der ich mich mit den unterschiedlichsten Menschen eine halbe Stunde lang unterhalte. Das können Prominente sein wie Klaus Wowereit oder Barbara Schöne, oder eine Rechtsanwältin, die Opfer von Kunstfehlern bei Operationen vertritt. Mit Menschen über Ernstes und Leichtes, wirklich Wichtiges oder ungeheuer Banales reden zu können, das gefällt mir. Fernsehen ist dafür das ideale Medium. Es ermöglicht Begegnungen, es ermöglicht Gespräche. Ernst, humorvoll, informativ, das hängt ganz von den Beteiligten ab. Ich mische da gern mit.

Ich mag das Fernsehen, weil es entspannt
und unterhält. Es ermöglicht Begegnungen,
es ermöglicht Gespräche, ernst, humorvoll,
informativ. Ich mische da gern mit.

Hoffnung geben

Bleiben wir noch einen Moment bei den Medien. Im Februar 2014 habe ich die Schirmherrschaft in dem Verein Gemeinsam Hoffnung geben übernommen. Der Verein betreut Menschen, die an einer Stoffwechselerkrankung leiden, den sogenannten Mukopolysaccharidosen (MPS) und verwandten Erkrankungen. Das ist eine schreckliche Krankheit, die Betroffenen sind Kinder, von denen nur wenige alt werden.

Manchmal besuchen mich einige von dem Verein betreute Kinder in meinem Geschäft, sie schauen sich an, was bei einem Friseur los ist, und ich erkundige mich nach ihnen. Ein kleiner Zusammenschnitt eines Treffens wird dann auf der Homepage des Vereins über YouTube gezeigt, und ich hoffe, dass viele Menschen auf diesem Weg mehr über MPS erfahren und vielleicht eine Möglichkeit sehen, sich selbst zu engagieren. Mir ist diese Botschaft wichtig. Eine Kamera und das Internet machen es möglich, dass so ein Film zu vielen Menschen gelangt.

Wie ich über Roman Herzog die Bekanntschaft mit Christiane Herzog machte, wodurch ich viel über ihre Stiftungsarbeit erfahren konnte, lernte ich auch Christina Rau während der Amtsperiode ihres Mannes als Bundespräsident kennen. Sie engagierte sich als Schirmherrin für die Kindernothilfe. Ihre Berichte machten mich neugierig, und ich verschaffte mir näheren Einblick in die weltweiten Projekte der Organisation.

Sabine Lisicki wirbelt auf dem Centre-Court
ihre Gegnerinnen durcheinander.

2007 fand die Kampagne »Action!Kidz – Kinder gegen Kinderarbeit« erstmals statt, eine Aktion, die mich sofort überzeugte. Kinder aus reichen Ländern machen auf die Lebensbedingungen von Kindern in armen Teilen der Welt aufmerksam. Im Berliner Kaufhaus Galeries Lafayette frisierten damals Schüler gemeinsam mit mir Perücken, und wir sammelten Spenden ein. Mein Kontakt zu der Organisation ist seither nicht mehr abgerissen.

Heute unterstütze ich, vermittelt über die Kindernothilfe, mehrere Patenkinder in Kenia. Ab und zu schreiben wir uns, und ich erfahre, welche Träume jedes von ihnen hat. Vielleicht kann ich dazu beitragen, dass zumindest der eine oder andere kleine Traum für sie Wirklichkeit wird. Mir gefällt, wie diese Organisation viele Kinder unterstützt und fördert, und zwar in ihren Familien. Sie haben nicht nur ein Dach über dem Kopf, sondern ein wirkliches Zuhause, sie bekommen etwas Gesundes zu essen und besuchen eine Schule. Wo stimmt das Wort von den Kindern, die unsere Zukunft sind, mehr als hier?

Einmal wurde ich gefragt, ob mir eigene Kinder in meinem Leben fehlen. Man kann so einer Frage auf viele Arten ausweichen und wenig bis nichts sagen. Ich antwortete damals anders. Je älter ich werde, desto mehr spüre ich, wie schön es ist, Kinder und Kindeskinder zu haben. Auch deshalb freue ich mich über meine Patenkinder in Afrika.

Zu meinem siebzigsten Geburtstag lasse ich in einem kenianischen Dorf einen Brunnen bauen. Das ist mein Geschenk an mich. So viele Dinge, die für uns ganz selbstverständlich sind, sind es in anderen Teilen der Welt überhaupt nicht. Ich weiß, wie gut es mir geht und wie viel Glück ich in meinem Leben gehabt habe. Wenn der Brunnen einigen Menschen ihren Alltag leichter gestaltet, dann freue ich mich.

Zurück nach Deutschland. Ich engagiere mich im Kuratorium der Berliner Aids-Hilfe. Auch dank jahrelanger Aufklärungsarbeit ist es gelungen, die Ausbreitung dieser Krankheit zu bremsen. Weltweit gibt es erstmals Anzeichen dafür, dass es möglich wird, die Neuinfektionsrate zu senken, bei uns und sogar in den Ländern mit den höchsten Aids-Raten. Wir dürfen nicht nachlassen in unseren Anstrengungen. Zu dieser Aufklärungsarbeit möchte ich gemeinsam mit vielen Persönlichkeiten des öffentlichen Lebens, die ebenfalls dem Kuratorium angehören, einen Beitrag leisten.

Schaut man sich an seinem Wohnort oder in seinem beruflichen Umfeld um, findet man leicht Möglichkeiten, anderen, die nicht auf der Sonnenseite stehen, zu helfen. Man muss nur seine Augen öffnen und sein Herz. Aber dafür bekommt man etwas zurück, das mit nichts aufzuwiegen ist.

Berlin hat viele betagte Einwohnerinnen und Einwohner, die nicht über viel Geld verfügen. Eine Aktion, die ich lange mit den Friseurinnen und Friseuren in meinem Salon durchgeführt habe, hat uns allen viel Spaß gemacht. Wir haben Bewohnerinnen und Bewohner eines Berliner Altenstifts zu einem kostenlosen Friseurbesuch bei uns eingeladen. Die Herrschaften kamen in bester Stimmung und verließen uns sogar noch besser gelaunt.

Zum Dank schenkten sie dem Salon ein Fotobuch von ihrem Besuch, in dem es zum Schluss heißt: »Sie schaffen es immer wieder aufs Neue, unseren Bewohnerinnen und Bewohnern ein Lächeln ins Gesicht zu zaubern.« Ist das nicht nett?

Ein ähnliches Geschenk hat sich einmal eine Berliner Zeitung zusammen mit René Koch und mir für eine Hundertjährige ausgedacht: Die rüstige Dame wurde einen Nachmittag lang geschminkt und frisiert. Damit nicht genug: Als Zugabe wünschte sie sich noch eine Fahrt mit einem Oldtimer über den Ku'damm. So geschah es. Weil es für alle ein schöner Nachmittag war, versprachen wir, das in den nächsten Jahren zu wiederholen. Die Dame wurde gesegnete 106 Jahre!

Ich habe mehrere Patenkinder in Kenia. Vielleicht kann ich den einen oder anderen kleinen Traum für sie Wirklichkeit werden lassen?

Ab und zu spendieren meine Kollegen und ich ein kleines Wohlfühl-programm bei uns im Salon. Vor Kurzem luden wir drei ehrenamtli-che Mitarbeiterinnen der Obdachloseneinrichtung »Evas Haltestelle« in Berlin-Wedding ein. Neben Typberatung und einem Haarschnitt mitsamt Styling gab es Sekt und Kaffee. Bis zu dreißig obdachlose oder arme Frauen werden von den drei selbstlosen Unterstützerinnen jeden Tag betreut. Hm, meinte eine von ihnen etwas irritiert, aber strahlend zum Schluss: »Unser schickes Aussehen ist zum Arbeiten nicht wirklich geeignet. Eher für einen Gala-Abend.«

Ursula Karven:
Drei Ringe

Ein einziges Mal habe ich bei Udo und Carsten vor einer verschlossenen Tür gestanden. Ich wohnte bei den beiden, wir hatten lange und gut gegessen und gut getrunken. Es war spät geworden, nur war ich nicht müde. Die beiden aber schon. Als sie im Bett lagen, beschloss ich, einfach noch ein bisschen auf ihrem Bett herumzuhüpfen. Mir ging es dabei blendend. Ein Weilchen fanden sie das lustig, dann haben sie mir ungefähr hundert Mal gesagt, ich solle aufhören, aber ich hab natürlich weitergemacht. Die Matratze war richtig dick, und immer wenn ich auf ihr landete, sind beide ein Stück hochgeflogen. Zum Schreien komisch. Udo sagte dann nach ungefähr fünfzehn Minuten – ich hatte mich gerade so richtig schön eingehüpft –, er habe Hunger. Ich gehe also in die Küche, um ihm etwas zu holen, und – rumms, war die Tür zu. Sie haben sofort abgesperrt und vermutlich drei Kreuze gemacht.

Das war wirklich das einzige Mal, dass ich vor einer verschlossenen Tür stand – im Haus von Udo, im Leben von Udo. Eigentlich lässt sich Udo zu allem begeistern und mitreißen, mit ihm kann man Pferde stehlen. Und wenn's dummes Zeug war, was man angestellt hat, ist er auch bereit, die Konsequenz zu tragen. Wie er immer bereit ist, für die Menschen, die ihm nahe sind, geradezustehen. Das ist eine Riesenqualität. Er knickt nie ein. Er ist immer da, wenn Not am Mann oder an der Frau ist. Auf seine Hilfe ist Verlass.

Ich wohnte damals fast drei Monate bei den beiden, ich wollte von Mallorca nach Berlin zurückkommen und suchte eine Wohnung.

Als ich schließlich umzog, brachte ich einen Hasen mit, der damals schon vierzehn Jahre alt war, wahrscheinlich einer der ältesten Hasen der Welt. Nachdem Udo meinen Hasen das erste Mal gesehen hatte, erkundigte er sich wöchentlich nach ihm. Wie geht's den Kindern, wie geht's dir, und wie geht's dem Hasen? Man glaubt, er hat das so dahingesagt: Ach, wie lustig, ein Hase, und vergisst ihn sofort wieder. Aber nein. Udo hatte den Hasen in sein Herz geschlossen. Als er zwei Jahre später starb, war Udo ganz mitgenommen.

Udo ist viel aufmerksamer, als man denken könnte, und letztlich in seiner Gefühlswelt immer überraschend. Er beschwert sich nie. Nicht über das Wetter, nicht über irgendwelche Schmerzen, einfach über nichts. Er lebt wirklich im Moment. Er will nichts anderes sein als das, was er ist. Ich kenne nur ganz wenige Menschen, denen das gelingt. Und es überträgt sich auf einen, wenn man mit ihm zusammen ist. Mit Udo ist man fröhlich. Udo singt gern, er genießt das Leben und liebt es wirklich in jeder Facette.

Ich glaube, Udo fand mich während der Zeit, als ich bei ihm wohnte, besonders niedlich, wenn ich am Morgen noch ganz verschwiemelt herumgeschlurft bin. Er liebt die natürlichen Momente. Ungeschminkt, wahrhaftig, unfrisiert. Wenn's dann ans Frisieren geht, mögen wir beide denselben Look: eine eher wilde Hochsteckfrisur, die er in Sekunden hinbekommt. Oder diese Schüttel- und Strandfrisuren, unkompliziert, natürlich.

Die drei Kreise der Wahrnehmung

○ wer bin ich?

○ wer will ich sein?

○ wie will ich wahrgenommen werden?

Idealerweise gibt es eine Schnittmenge in unser aller Leben:

Eine etwas ~~flexible~~ Schnittmenge im Gleichklang zwischen Wahrnehmung und Darstellung

.... und nun zu "Udos 3-klang"

Eine komplette Schnittmenge mit kleinen, menschlichen immer überraschenden Ausuferungen

Ich bewundere Dich mein Freund
In inniger liebe und Freundschaft, Uschi
Happy Birthday

Udo ist ein großer Fan von Natürlichkeit. Er geht weg von dem ganzen Firlefanz. Je natürlicher, je authentischer eine Frau privat ist, desto mehr liebt er es. Desto mehr fühlt er sich dem Menschen auch nahe. Was dann auf der anderen Seite den öffentlichen »großen Auftritt« anbetrifft, hat er einfach einen guten Geschmack und ein gutes Händchen dafür, was einer Frau steht. Entgegen der landläufigen Meinung rät er beispielsweise älteren Frauen, die Haare länger zu tragen. Er ist davon überzeugt, dass zu kurze Haare reifere Frauen alt machen.

Es gibt ja die drei Ringe des Lebens, die man aufzeichnen kann. Der erste Ring: Wer bin ich? Der zweite: Wer möchte ich sein? Und der dritte: Wie möchte ich, dass die Menschen mich sehen? Schauspieler stellen sich diese Fragen andauernd. Idealerweise haben diese drei Ringe eine Schnittmenge. Bei Udo sind sie tatsächlich verschmolzen. Das ist ein großer Luxus, ein Mensch, der so mit sich im Reinen ist. Auch wenn das esoterisch klingen mag: So jemand setzt eine andere Vibration.

Udo würde das bestimmt abtun, davon versteh ich nichts! Aber diese drei Ringe sind ein Fakt, und bei Udo ist die Schnittmenge riesengroß. Das ist etwas, was Menschen selten gelingt.

Udo ist, wie er ist. Udo lebt, wie er lebt. Es ist ihm scheißegal, was die Leute darüber denken. Solange er das mag, ist es perfekt. Er ist mit sich und der Welt, die er sich erschaffen hat, komplett im Reinen.

Neulich wurde ich von einem Yoga-Journal gefragt, als was ich wiedergeboren werden will. »Entweder als ich selbst«, antwortete ich, dann hab ich die ganzen Vorteile des Karmas, das ich jetzt schon abgearbeitet habe ...«, »oder aber als Hund oder Haushaltshilfe im Hause Walz.«

Was ist Glück?

»Das genügt mir nicht!« Bestimmt werden Sie sagen, das sind nicht gerade Worte, um Herzen zu erobern. Aber, entgegne ich Ihnen, ich wusste ja noch gar nicht, dass ich kurz davor war, mich zu verlieben. Ich hatte keine Ahnung, was für ein Abend das für mich werden würde.

Ein smarter junger Bursche stand vor mir, kurze Haare, charmant lächelnd. Herausfordernd sah er mich an.

»Bist du nicht eher underdressed?«, hatte ich ihn begrüßt. Für meinen Ball der einsamen Herzen hatte ich ausdrücklich um angemessenes Outfit gebeten, womit nicht unbedingt Nerzstola für die Dame und Glitterjacke für den Herrn gemeint war. Obwohl, warum nicht? Schlichte Weste mit Jackett oder Cocktailkleid oder irgendetwas Verrücktes waren auch okay, ich bin da großzügig.

Dieser Kerl hatte Jeans an und ein weißes Hemd. Täuscht mich meine Erinnerung, oder trug er nicht einmal ein Jackett?

»Überhaupt, fehlt da nicht noch was?«, hatte ich weitergebohrt.

Auf dem Tisch neben mir stapelten sich die Mitbringsel der Gäste. Ich liebe Geschenke. Und ich liebe es, wenn ich selbst irgendwo eingeladen bin, mir etwas möglichst Ausgefallenes auszudenken. Am besten etwas, das so groß verpackt ist, dass es nicht unter den Arm passt. Wie schade, dass die Zeiten vorbei sind, wo Lakaien in weißen Kniestrümpfen, Schnallenschuhen, samtenen Bundhosen und hübsch bestickten Mänteln hinter einem herlaufen und im rechten Moment der Gastgeberin die kleine Aufmerksamkeit, die sie zu zweit tragen, überreichen. Während ich galant eine Verbeugung andeute.

Aber gut, wann passiert so etwas heute noch! Die Zeiten sind schnöder geworden.

Alles andere als verlegen strahlte mich der junge Mann an. »Ich bin dein Geschenk.«

Mir fehlen selten die Worte. Und wenn du erst einmal anfängst zu überlegen, wie die beste Antwort lautet, hast du schon verloren.

»Das genügt mir nicht!«, entgegnete ich.

So haben Carsten und ich uns kennengelernt. Der Ball der einsamen Herzen hat eine lange Tradition bei mir, ich veranstalte ihn seit vielen Jahren schon. Wohin an Heiligabend? So viele quälen sich damit herum, was sie an diesem Abend tun sollen, und flüchten sich dann in irgendeinen Kompromiss. Wenn ich einlud, hatte ich immer ein volles Haus. Achtzig Gäste und mehr waren nichts Besonderes.

In dieser Nacht feierten wir bis um sieben am Morgen. Und das genügte mir immer noch nicht.

Ich bin ein Glückskind: Seit jenem Weihnachtsabend sind Carsten und ich zusammen.

Wie sich Schmetterlinge im Bauch anfühlen, hatte ich schon ganz vergessen gehabt. Mit Carsten überfielen mich diese Gefühle frisch wie nie. Du schwebst auf einer Wolke, wenn du an den anderen denkst. Du willst dich sofort wieder mit ihm treffen. Du machst tausend Pläne, nur für euch zwei. Du hast auf einmal wieder Wünsche, Ideen, Träume. Du erkennst dich selbst nicht mehr. Wann war das zuletzt so gewesen?

Mit Carsten begann vieles neu, und Bekanntes fühlte sich neu an. Als wir uns kennenlernten, verreisten wir oft. Ich mag es, für ein paar Tage irgendwohin zu fliegen, in Städte, die anders ticken, Lissabon, Paris, New York, wo man wunderbar essen kann, wo man ausgefallene Dinge auf Trödelmärkten findet. Zu zweit erlebte ich diese

Kurztrips ganz anders. Intensiver. Weniger war mehr. Es ging mir richtig gut.

»Ihr seid jetzt vierzehn Jahre ein Paar, und nach so vielen Jahren wilder Ehe denkt man an die Zukunft.« Manchmal treffen Standesbeamte den Nagel auf den Kopf. Die Dame, die uns zwei Tage vor meinem Geburtstag im Sommer 2008 traute, tat es jedenfalls. Es war der bewegendste Moment meines Lebens, die silbernen Armreife überzustreifen, die Barbara Becker uns geschenkt hatte.

Ich bin allerdings auch altmodisch. Ich finde, dass nur Mann und Frau wirklich heiraten können. Aber worauf es ankam, war, dass wir uns liebten und zusammenlebten. Ich war dreiundsechzig, als wir an jenem Samstag unsere Partnerschaft beglaubigten. Falls mir einmal

etwas zustößt, soll alles seine Ordnung haben; das ist die formale Seite. Danach kann man sich wieder dem zuwenden, was wirklich wichtig ist: Das Leben zu feiern!

Und das taten wir. Patricia Riekel und Barbara Becker waren meine Trauzeuginnen, Bettina Zimmermann und Ali Kepenek begleiteten Carsten. Wir hatten zu dem Fest, von der Presse als »die Society-Hochzeit des Jahres« bezeichnet, in den Brandenburger Hof in Charlottenburg eingeladen. Hoch über den Dächern der Hauptstadt erlebten wir die schönste Sommernacht, die ich mir hätte wünschen können.

Bevor ich feiern durfte, hatte ich am Nachmittag von René Koch ein spezielles Beauty-Programm spendiert bekommen. Mit Pinzette, Spatel und Rasierapparat wurde ich auf Teufel komm raus verschönert. Von den Haaren über den Bart bis zu den Augenbrauen wurde gestutzt, gezupft und geschnitten. Wie runderneuert verließ ich meinen eigenen Salon.

Ich genieße die Nähe und das Vertrauen, die ich durch Carsten gefunden habe. Vielleicht funktioniert unser Zusammenleben im Alltag so gut, weil ich – und Carsten ebenfalls, wir sind uns da glücklicherweise sehr ähnlich – auf einige Dinge achte. Freiraum, ganz wichtig! Respekt. Unabhängigkeit. Mit drei Buchstaben kann man mich besonders ärgern: WIR. Ein Wort, das ich – wenn es vereinnahmend und ohne nachzudenken ausgesprochen wird – hasse. Ich vermeide es in Bezug auf meinen Partner so gut es geht. *Wir* gehen nicht zusammen Tomaten kaufen, *wir* haben keinen festen Tagesablauf, *wir* kümmern uns nicht darum, dass die Waschmaschine repariert wird. Ist nicht schon das Wort Gift für eine Partnerschaft und würgt wirkliche Gefühle ab?

Die silbernen Armreife überzustreifen, die Barbara Becker uns schenkte, war der bewegendste Moment meines Lebens.

Einander Freiraum zu lassen ist uns wichtig.
Dennoch genießen wir es, zusammen auszugehen.

René Koch spendierte mir zu meinem
großen Tag ein umfassendes Beauty-
Programm. Wie runderneuert verließ
ich meinen eigenen Salon.

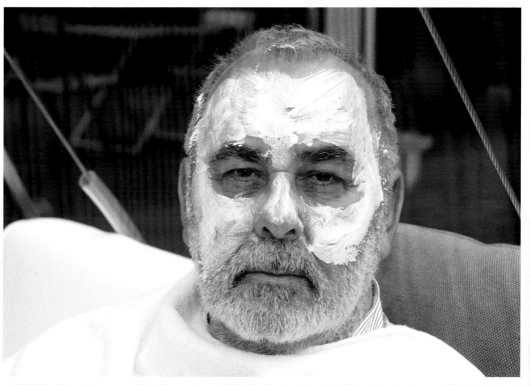

Und ich setze noch einen drauf: Ich mache mein Glück nicht von jemand anderem abhängig. Ich muss mit mir im Reinen sein, ich muss in mir ruhen. Dafür kann nur ich allein sorgen, das liegt ganz in meiner Hand. Wenn ich glücklich bin, werde ich in die Partnerschaft auch etwas einbringen können. Man kann nicht erwarten, sein Glück von jemandem serviert zu bekommen.

Ich verrate Ihnen noch zwei Rezepte für eine gute Beziehung: Getrennte Schlafzimmer, getrennte Badezimmer, wenn möglich. Das hält wach. Und: Jeder hat seinen eigenen Freundeskreis und behält ihn auch. Freundschaften sind kostbare Gewächse, man muss sie pflegen. Wer das aufgibt, gibt sich auf.

Doch wer das alles hat, der hat ein großes Geschenk bekommen. Das man vielleicht sogar Glück nennen darf.

Wohnen und sammeln

Wenn ich nach einem Arbeitstag nach Hause komme, brauche ich meine Ruhe. Frau Rau weiß das. Sie stellt mir eine Tasse Ingwertee hin, den ich nicht mag, und sagt: »Jetzt setzen Sie sich erst mal hin und ruhen sich aus.« Das mag ich erst recht nicht, ich mag es nicht hören, und ich mag mich nicht ausruhen, und nach sieben Jahren bei mir weiß Frau Rau das auch. Aber man muss ja ein paar Worte wechseln, nicht wahr? Jeder Mensch braucht Rituale.

Zwischen »meine Ruhe haben« und »ausruhen« liegt für mich ein himmelweiter Unterschied. Wenn mir jemand sagt, ich solle mich ausruhen, aktiviert er wie mit einem Zauberwort meine letzten Energiereserven. Wenn ich nach Hause komme, will ich einfach die Tür hinter mir zumachen und mich um nichts mehr kümmern müssen. Den ganzen Tag habe ich das getan, jetzt ist Schluss damit.

Wenn ich es mir recht überlege, ist der Ingwertee ein Fortschritt. Frau Albig, meine erste Haushälterin, hat mir früher wegen meinem Diabetes dauernd eine frische Ananas in den Kühlschrank gestellt. Ich verstehe nicht, wie man so etwas essen kann. Mir wird nach dem ersten Bissen die ganze Welt sauer. Ich schaue säuerlich drein, die Ananas spürt das natürlich sofort und zieht sich bis an den Tellerrand zurück. Wir starren uns an und versuchen, uns mit Blicken fertigzumachen. Dann gebe ich auf und gehe. Bevor ich sauer werde. Sie werden mir recht geben: Dagegen ist eine Tasse Ingwertee harmlos.

Bilderrahmen, Spiegel, Lampe, Sessel, und das Wichtigste: Lola und Oskar geht's gut.

Manchmal setze ich mich jetzt sogar tatsächlich hin, mein Lieblingsort ist die Veranda. Mitten auf dem Tisch steht ein üppiger Blumenstrauß, ich kann mich nicht erinnern, dass hier einmal keine Blumen standen. Über dem Hinsetzen und dem In-den-Garten-Hinausschauen vergesse ich, Frau Rau zu fragen, woher die Blumen kommen. Ich freue mich einfach. Vor mir ist alles grün, was ich von Jahr zu Jahr mehr genieße. Ich werde doch nicht alt werden! Gerade blüht der Flieder, daneben der gelbe Ranunkelstrauch. Die Nachtviolen leuchten. Und der Rosenstock – so voller Knospen habe ich ihn noch nie gesehen. Schön.

Ich bin zu Hause angekommen. Sogar die Teetasse ist leer.

Frau Rau sorgt für mich, herzlich, herzhaft, streng. Nicht ganz so streng wie Frau Albig, die ihren Dienst bei mir antrat, als ich in die Dachwohnung in der Fasanenstraße gezogen war; wir sind uns treu geblieben. Noch heute bügelt Frau Albig, mittlerweile siebenundsiebzig Jahre alt, mit Hingabe meine Hemden und die ganze Wäsche.

Ich komme und gehe wie in einem Hotel, und am folgenden Tag ist alles wieder sauber und frisch, auch wie im Hotel. Der Kühlschrank ist voll, obschon ich mir nie etwas koche, wenn ich allein bin, und bin ich es einmal nicht, gehe ich umso lieber zum Italiener ein paar Straßen weiter. Die Zimmer sind aufgeräumt, die Blumen gegossen. Oskar und Lola sind ein paar Mal ums Karree gelaufen, vor ihnen steht ein voller Napf.

Ich fühle mich verwöhnt und habe meine Ruhe. Nach vielen Stunden Haareschneiden und Reden und Kontrollieren und den Überblick behalten sind es nur der Sonntag und der Montag, da ich die Tür hinter mir zumachen kann. Früher waren es acht oder zwölf Stunden, die ich im Salon stand, heute trete ich kürzer. Der Tagesrhythmus ist derselbe geblieben.

Ich will es genau so. Ich lebe nach wie vor wie im Hotel. Fast immer klingelt dann das Telefon, und eine Stunde später bin ich schon

Die guten Geister des Hauses, Frau Rau und Frau Albig.

wieder weg. Wenn ich nicht aufpasse, ist jeden Abend was los, Berlin ist keine Stadt zum Ausruhen. Ich komme nach Hause, ziehe mich um und gehe wieder los. In der Nacht komme ich zurück, lege mich schlafen, und nach dem Frühstück fahre ich in den Salon.

Ohne Frau Rau wäre ich aufgeschmissen, sie weiß das. Sie geht nachsichtig mit mir um. Ich weiß das auch. Und tue so, als würde ich alles befolgen, was sie mir sagt.

Wenn ich sie einmal loben will, sage ich: »Frau Rau, Sie haben einen grünen Daumen!« Die Blumen in den großen Fenstern sehen wirklich schön aus. Orchideen sind nicht ganz ohne, wie man weiß. Ich liebe Orchideen und Rosen. Anstatt sich über das Kompliment zu freuen, kontert Frau Rau mal laut, mal leise mit einer Zahl. Dreiundsiebzig. Ich dachte zuerst, das wäre unsere Hausnummer, und wunderte mich. Steht an der Tür nicht etwas ganz anderes? Bis ich begriff: Neben dem Haushalt und dem Garten und den Blumen, wofür sie Sorge zu tragen hat, hat Frau Rau dreiundsiebzig Fenster im Haus zu putzen. Damit die Blumen und Oskar und Lola und ich genug Licht bekommen. Ich beiße mir auf die Zunge und frage nicht, wie oft man als ordentliche Hausfrau Fenster putzt. Wer weiß: Vielleicht zählt man richtig große Fenster dreifach?

Erstaunt stelle ich fest, dass ich noch nie ein Fenster geputzt habe. Überhaupt noch nie. Ich hatte in meinem Leben auch noch nie einen Staubsauger in der Hand. Ich habe nie Wäsche gewaschen. Ich habe noch nie einen Umzugskarton gepackt.

Bevor Sie jetzt den Eindruck gewinnen, mit mir sei im Haushalt gar nichts anzufangen, was stimmt, verrate ich Ihnen was: Zweimal im Jahr stehe ich nicht in, aber vor der Küche. Und inszeniere groß die Zubereitung meines Lieblingsrezepts. Niemals bereite ich es öfter als ein-, zweimal im Jahr zu. So bleibt die Leidenschaft frisch.

Hier kommt sie! Die Vorspeise für ein großes Winteressen.

TATAR

Ich lade fünf oder sechs gute Freunde ein. Wenn es zu viele sind, wird es mir schnell zu anstrengend. Drei oder vier Löffel Senf kann ich mir in ihrer Wirkung vorstellen, die dreifache Menge überblicke ich nicht mehr.

Es besteht beim Kochen ja ein eklatantes Missverhältnis zwischen Aufwand und Genussdauer. Das erschüttert mich jedes Mal wieder: Da steht man einen halben Tag in der Küche, und nach zwanzig oder auch nur zehn Minuten sind die Teller schon wieder vollkommen leer. Ich würde das als Koch nicht lange aushalten.

Tatar bietet Ihnen die perfekte Möglichkeit, die hungrigen Gäste an der Zubereitung optisch und als Gesamterlebnis teilhaben zu lassen. Das einsame Herumwerkeln entfällt. Dort vor Ihnen sitzen die Eingeladenen, hier steht der Tisch, auf dem Sie alles Nötige dekorativ aufgereiht haben. Fangen Sie mit einer großen Flasche links an, dann werden die Gefäße immer kleiner, bevor sie nach rechts außen wieder zu Flaschengröße anwachsen. Ihrer Fantasie sind hier keine Grenzen gesetzt, und die Gäste werden es Ihnen danken, wenn Sie nette Einfälle haben. Das hungrige Auge isst mit! Sehen Sie sich in der Rolle eines Löwenbändigers, der einen brennenden Reif hochhält. Jetzt haben Sie die richtige Körperspannung.

Vor Ihnen steht eine hohe Schüssel, ich bevorzuge Keramik. Bei Glasschüsseln sieht man zu genau, was passiert. Lieber die Einbildungskraft der Zuschauer anregen. Man nehme Olivenöl, presse den Saft aus einer frischen Zitrone, salze und pfeffere das Ganze. Senf unterrühren. Ich nehme gern scharfen Dijon-Senf, aber die normale oder milde Schärfe ist ebenso gut. Es kommt auf die Gesamtwirkung an, die Sie erzielen wollen. Das gilt ebenso für den Ketchup. Ich mag ihn wegen seines süßen Geschmacks, das kontrastiert perfekt mit der Schärfe. Manche verzichten freilich genau deshalb darauf – wegen des Geschmacks.

Nachdem Sie ein Eigelb elegant in die Sauce haben gleiten lassen, bitte alles schön mischen. Worcester-Sauce beigeben. Eine wichtige Note für den Feinschmecker. Verwenden Sie eine Gabel oder einen Löffel zum Mischen. Nach getaner Arbeit haben Sie eine flüssige Masse vor sich. So soll es sein.

Nun das Fleisch zugeben. Sie verwenden ausschließlich Rinderfilet, damit Sie das reine Fleisch ohne Nerven und Sehnen verarbeiten. Das Fleisch haben Sie bereits gehackt, bevor die Gäste kommen. Es sei denn, Sie möchten den Metzger geben mit aufgekrempelten Ärmeln und blutigem Schurz. Ich schenke mir das.

Auf das Hackfleisch fein gehäckselte Zwiebeln, Petersilie, Kapern und getrocknete Anchovis legen. Mit Tabasco würzen. Paprika zufügen. Wieder sind eine mildere oder eine scharfe Variante möglich.

Beim Zubereiten der Masse bitte nie drücken, sonst produzieren Sie Mus. Das gilt es unter allen Umständen zu vermeiden, deshalb: Nehmen Sie Löffel und Gabel und mischen die Zutaten in der Weise, als würden Sie sie schneiden.

Apropos Anchovis: Ich mag den Geschmack überhaupt nicht. Meine Gäste bekommen natürlich ihre Portion Salzsardelle, wenn sie es wünschen. Ich verzichte.

Den Brei gleichmäßig ausbreiten in der Schüssel, bereiten Sie der nun folgenden Ingredienz ein hübsches Bett: dem Cognac. Hier hat jeder seine Vorlieben. Wie fast überall im Leben gilt: je besser, desto besser. Ich bevorzuge Normandin-Mercier.

Dazu ruhig noch mal eine Prise Salz und Pfeffer, das Fleisch schluckt erstaunlich viel von der Schärfe. Aber nicht übertreiben! Beim Salz halte ich mich an mallorquinisches Flor de Sal d'Es Trenc. Dieses Salz ist naturbelassen und weist ein mild-süßes Aroma auf. Es enthält besonders viel Magnesium und kann sehr sparsam eingesetzt werden. Mittlerweile scheint es in Deutschland ja mehr Salz-Connaisseure zu geben als Tee- oder Kaffeekenner. Sie werden also Ihr Lieblingssalz parat haben und die notwendige Menge einschätzen können.

Fertig. Abschmecken, die Schärfe nachjustieren und servieren. Auf großen Tellern anrichten und mit frischen Kräutern garnieren.

Sie müssen entscheiden, ob Sie das Essen mit Musik begleiten wollen, oder ob sich die Gäste unterhalten sollen. Beides geht in der Regel nicht gleichzeitig. Beim Essen still zu sein und ausschließlich zu schmecken und zu genießen erscheint mir wie eine wunderbare Verbeugung vor dem Koch. Aber das muss sich ergeben, verordnen lässt sich das nicht. Wird Musik gewünscht, bietet »Tosca« immer das ganz große Gefühlsrepertoire, und wenn Sie Maria Callas singen lassen, können Sie Gift darauf nehmen, dass alle aufgewühlt, ergriffen und begeistert sein werden ohne Ende. Von Ihrem Tatar und dem ganzen Abend.

Zurück auf die Veranda. Ich hole mir noch ein Glas Wasser mit einer Scheibe Zitrone. Ich sitze wirklich gern hier.

Vor mir grüne Blätter, hinter mir das Haus, unter mir lilafarbene Kunstrasenbahnen. Barbara Becker hat sie designt. Stilbrüche finden sich bei mir überall in der Wohnung. Mir gefällt viel zu viel, als dass ich eine klare Ordnung hätte. Wenn ich eine schöne Vase sehe, muss ich sie einfach kaufen. Vermutlich könnte ich längst einen Vasenladen eröffnen oder zwei. Es sind alles schöne Stücke, fast jede habe ich auf Flohmärkten entdeckt. Sie sind nicht kostbar, ich habe nicht viel für sie bezahlt, aber sie gefallen mir. Daneben stehen Pferdeskulpturen, das heißt, einige der wenigen Stücke, die ich behalten habe. Ich habe sie früher gesammelt, zu Hunderten, bei dem Umzug beschloss ich dann, dass es zu viele sind. Ich bräuchte im Garten eine kleine Orangerie, wenn ich immer weitersammeln würde. (Aus demselben

Grund habe ich mich auch von meiner Elefanten- und Entensammlung getrennt, die eine vierstellige Anzahl von Objekten umfasste.) Pferde sind kraftvolle, ästhetische Tiere, ich kann mich an ihren eleganten Bewegungen nicht sattsehen. Ich bin nie im Leben geritten, das reizt mich überhaupt nicht. Ich sehe die Tiere nur gern an.

Statt der Pferde habe ich begonnen, Spiegel zu sammeln. Sie lassen den Eingangsraum unauffällig größer wirken. Vermutlich kommt da meine heimliche Sehnsucht durch, einmal in einem Schloss zu wohnen und als Schlossherr durch Zimmerfluchten zu wandeln. Bis es so weit ist, trickse ich mit Spiegeln, ich sage Ihnen, damit kann man ganz schön viel machen. Neben den beiden großen Rahmen, die ordentlich auf Brusthöhe angebracht sind, befinden sich viele kleinere Exemplare an Stellen, wo keiner jemals hineingucken kann. Es sei denn, er brächte eine Leiter mit. Eine stattliche Sammlung Spiegel ist dabei zusammengekommen, alle einzeln gekauft für wenige Euro. Mein Miniatur-Versailles gefällt mir ausnehmend gut.

Neben den Pferden finden sich Uhren, Fotografien, Skulpturen aus Afrika und immer wieder Vasen. Und Obelisken, ziemlich viele sogar. Vermutlich bin ich das, was man einen Sammler nennt. Fast alles stammt, ich sagte es bereits, vom Flohmarkt. An der Kopfseite des Esszimmertischs stehen zwei große Lampen auf einer Kommode, voluminöse, elegante Körper mit großen, schlichten Schirmen. Wirklich auffällige Stücke. Man sieht es ihnen nicht an, ein Stück hat nur fünfzig Euro gekostet. Geschmack ist keine Frage des Geldes.

Überhaupt Lampen! Lampen sind eine große Leidenschaft von mir. Ich müsste sie einmal zählen oder Frau Rau bitten, es zu tun. Ich wäre bestimmt überrascht, wie viele es sind. Der Grund dafür ist simpel: Ich mag keine dunklen Ecken. Wenn ich nach Hause komme, möchte ich, dass meine Wohnung hell ist. Ich mag alles, was ich zusammengetragen habe, und ich will es sehen können. Das war schon als Kind bei mir so: In meinem Zimmer musste es hell sein.

Einen kleinen Raum habe ich fast wie eine Ausstellung hergerichtet. Überall hängen Potsdam-Bilder. Ich liebe Schwarz-Weiß-Fotografien. Schaue ich die Fotografien an, spüre ich die Geschichte, die alles durchdringt. Die Architektur, die Gärten, sogar das Wasser. Wie der gesamte Körper das wahrnimmt und darauf reagiert, fasziniert mich jedes Mal wieder.

Mein Lieblingszimmer ist im ersten Stock. Von drei Seiten kommt das Licht herein, im Sommer ist draußen rundherum Grün. Man sitzt mitten in der Natur. Hier hängen noch mehr Fotografien, angefangen mit Marlene Dietrich. Daneben eins der berühmten Fotos von F.C. Gundlach, die junge Romy Schneider, eins mit ihrer Tochter und ein ganz spätes. Gloria, Hildegard Knef, Sophia Loren. Eigentlich juckt es mich in den Fingern, alle Schränke und Möbel rauszuschmeißen – nur die Natur vor den Fenstern, und im Raum die Bilder von Menschen, die mir wichtig waren und sind. Nur wäre das dann wirklich ein Museum. Lieber nicht.

Manche Besucher wundern sich über die vielen Buddhas bei mir. Ich mag die Stimmung, die die Skulpturen schaffen.

Wenn das Gespräch mit Freunden darauf kommt, ob möglicherweise doch das eine oder andere Stück zu viel ist, manchmal lassen sich solch unsinnige Themen einfach nicht umschiffen, antwortet Carsten immer, dass alles wieder auf dem Flohmarkt landen wird, wenn ich mal nicht mehr bin. Ein Kreislauf, dem ich viel abgewinnen kann. Man besitzt etwas auf Zeit – reicht das nicht völlig?

Bis dahin kann ich also weitersammeln, sehr gut. Nur darauf kommt es an.

Andere Besucher wundern sich über die vielen Buddhas bei mir, sie blicken aus dem Garten hinein und aus den Räumen hinaus, stehen auf allen möglichen freien Flächen. Sie strahlen eine große Ruhe aus, eine gebündelte, energiegeladene, absolute Ruhe. Vielleicht ziehen

Mit Barbara Becker beim Flohmarktbummel.

sich die Gegensätze an? Sie erinnern sich: Ich will meine Ruhe haben, aber nicht ausruhen.

Die Buddhas sind einfach da. Schön anzusehen, eine anmutige Form, eine schmeichlerische Bewegung, ein gelassener Blick, der endlos weit reicht.

Wenn ich religiös wäre, wäre mir der Buddhismus möglicherweise nahe. Ich mag jedenfalls die Stimmung, die die Skulpturen schaffen.

Der Flohmarktgänger

Falls es so kommt und ich den angestammten Händlern irgendwann Konkurrenz machen sollte, können sie sich damit trösten, dass ich über viele Jahre hinweg kein schlechter Kunde bei ihnen war. Ob es viele Menschen gibt, die so regelmäßig wie ich ihren Sonntagvormittag auf einem Flohmarkt verbringen? Schon während meiner vielen Reisen war ich jedes Mal wie elektrisiert, wenn ich einen Trödelmarkt entdeckte. Ich bilde mir dann ein, ein bisschen hinter die Kulissen eines Landes sehen zu können. Ich lasse mich für mein Leben gern überraschen.

Wahrscheinlich steckt in mir der geborene Trödler. Ich sammle gern Kitsch. Ich rede gern mit Leuten. Ich sammle gern ein und gebe gern wieder weiter. Es ist wie auf einem Marktplatz, jeder schaut sich um, was die anderen zu bieten haben, nimmt und gibt, und am Schluss geht es allen gut.

Wenn ich hier in Berlin am Sonntagvormittag über den Flohmarkt auf der Straße des 17. Juni laufe, werde ich oft von wildfremden Menschen angesprochen. Ich spreche auch viel mit den Händlern, wir kennen uns schon lange. Einer bietet mir manchmal ein belegtes Brot an, ein anderer spendiert mir immer einen Apfel.

Die lockere Stimmung gefällt mir. Man redet miteinander, zieht sich gegenseitig auf, lacht, geht weiter, dann entdecke ich etwas, und ich entdecke leider immer etwas, feilsche ein bisschen, ziehe weiter. Flugs sind anderthalb Stunden um, und fast immer habe ich am

Schluss ein Paket unterm Arm, einen Fund, den Frau Rau mit einem unhörbaren Stöhnen zu Hause herrichten wird, bevor ich ihn an seinen neuen Platz stelle.

Ich mag das Hin und Her, das Unernste, den Spaß. Für mich ist diese Art der Ablenkung die beste Erholung. Was will ich mehr – ich gehe dabei sogar spazieren! Etwas, wovor ich mich sonst konsequent drücke.

Barbara Becker:
Das Gesamterlebnis

Wenn man Udo nicht kennt, kann man ganz schön erschrecken:
Wie er die Konfrontation sucht, wie laut er ist, richtig herumpöbelt.
Er hat nichts Laues, er geht direkt auf die Menschen zu. Nach einer
Überraschungssekunde merken die Leute, was los ist. So wie vorhin,
als Udo den Ober im Restaurant anfuhr: »Bring uns mal einen Rosé,
bevor du ganz einschläfst!« Antonio spielte gleich mit, und alle hatten
ihren Spaß. Udo feuert scharf – mit Humor.

Das Überraschende: Udo ist wirklich an den Menschen interessiert,
mit denen er zu tun hat. Am Anfang hielt ich es für eine Masche, das ist
es aber nicht. Manchmal erinnert er sich später nicht mehr an einen
Namen, aber er erinnert sich an das Schicksal desjenigen, er erinnert
sich an den Moment, den beide zusammen hatten. Darum geht es ihm:
Hier bin ich, und wer bist du?

Ich bin eher ein schüchterner Mensch, ich muss auf einer Welle der
Sympathie reiten, während Udo jemand ist, der sich gerne reibt
und aneckt. Anstatt Freundlichkeit zu säuseln, ist er ganz authentisch,
das bewundere ich an ihm. Ich gebe zu, ich hab es mir ein bisschen
abgeguckt von ihm: Wie er ohne Verlustangst bei sich bleibt. Selbst
wenn er einmal falschliegt. Er ist dann nicht stur, er nimmt einfach
in Kauf, mal nicht von allen geliebt zu werden. Das hat abgefärbt auf
mich. Seit ich Udo kenne, bin ich ehrlicher geworden mit mir und mit
den Leuten. Ich bin auch angstfreier geworden, weil ich das Zutrauen

habe, dass man mich so nimmt, wie ich bin. Das hab ich von ihm gelernt.

Udo kann schnauzig sein, sehr direkt, sehr provokant. Manchmal ist das anstrengend, na und? Er fordert viel, von sich und von anderen. Es muss immer weitergehen. Mir gibt das jedes Mal einen Schubs: Bleib auf den Zehenspitzen, mach mit, bleib wach. Ich war einmal mit Alfred Biolek auf einer Reise. Als ich mich bei einem Termin verspätete, sagte er: Ich bin über siebzig, ich kann nicht eine Viertelstunde auf jemanden warten. So ist Udo auch. Viele Menschen warten ab, warten, hoffen. Mit Udo bist du sofort in diesem Tanzstrudel des Lebens, im Hier und Jetzt.

Wir hatten auch Momente, in denen es einem von uns nicht gut ging, aus verschiedenen Gründen. Und es war ganz klar: Da gehen wir jetzt zusammen hindurch. Wenn Freunde unglücklich sind, das ist für Udo das Schlimmste. Wenn sich einer aber nur hängen lässt oder vor Selbstmitleid vergeht, fährt er ihn an. Guck dir mal an, wo du lebst, guck dir die ganzen positiven Sachen an. Sei dankbar dafür. Hast du heute schon mal aufs Meer geguckt? Siehst du den tollen Blumenstrauß auf dem Tisch? Udo erinnert einen daran, was das Leben schön macht. Er selbst steht immer wieder auf. Er ist positiv. Er ist niemand, der sich beschwert.

Ich hatte das Glück, dass wir uns ganz schnell angefreundet haben. Ich bin von ihm mit meinen Kindern und meinen Freunden als ganze Familie aufgenommen worden. Am Anfang waren es oft die Nächte in der Paris Bar, an die ich mich erinnere, bis in den Morgen hinein. Später war Udo der Anker für mich in Berlin, den ich brauchte, als ich am Berliner Dom bei den Jedermann-Festspielen die Buhlschaft gespielt habe. Mich plagte das Gefühl, nicht zu Hause zu sein, nicht für meine

Kinder da zu sein, gestrandet zu sein. Mit Udo im Rücken fühlte ich mich stark. Ich wohnte während der Zeit bei ihm und Carsten. Noch heute ist das so, wenn ich in Berlin bin. Manchmal sitzen wir abends vor dem Fernseher, wie ein zufriedenes altes Ehepaar, und schauen, wer von uns beiden zuerst einschläft. Richtig schön.

Das ist der private Udo. Es gibt ihn schon, den privaten Menschen hinter dem ganzen Glamour, jenseits des roten Teppichs, hinter der sehr öffentlichen Person. Ein stiller, feiner Mensch. Nur im Salon funktioniert diese Trennung nicht. Wo hört der Friseur auf, wo fängt der Mensch Udo an?

In seinem Salon geht es immer um das Erlebnis Udo. Um den Maestro, der den ganzen Raum überstrahlt. Viele reisen ja nicht umsonst um die halbe Welt, um seine volle Aufmerksamkeit zu bekommen und ihn in der ersten Reihe zu erleben. Manchmal ist das fast wie eine Therapiestunde. Und er findet immer das Gute und das Schöne an einer Frau, und siehe da – alle gehen sie hinaus wie Königinnen. Sie sehen nicht nur so aus, sie fühlen sich auch so.

Ich hab nie viel Zeit, wenn ich zum Haaremachen bei ihm bin, jeder Termin bei mir wird kurzfristig dazwischengeschoben. Aber auch ich kenne das Gefühl, dem großen Moment entgegenzufiebern, in dem er seinen Kommentar abgibt und mit der Schere kommt. Das ist dann das Gesamterlebnis Udo.

Vorhang auf

Eine der bezauberndsten Geschichten über das Haar, die sich die Menschen seit jeher erzählen, ist eine der ältesten. Berenike, jung und schön und mit herrlichen blonden Locken gesegnet, heiratet König Ptolemaios III. Schon am Morgen nach der Hochzeitsnacht muss der König der Ägypter in den Krieg gegen die Syrer ziehen. Die verzweifelte junge Frau verspricht den Göttern ein kostbares Geschenk, sollte ihr Gemahl siegreich und unversehrt aus der Schlacht zurückkehren: Sie will ihr Haar opfern. Ptolemaios kehrt als stolzer Feldherr heim, woraufhin Berenike ihre Haare abschneidet, um sie im Tempel den Göttern darzubringen. Sie legt ihre Gabe auf den Altar der Liebesgöttin Aphrodite. Am nächsten Morgen sind die Haare verschwunden. Der Hofastronom erklärt, die Götter seien über das Opfer so erfreut gewesen, dass sie die Haarpracht am Himmel verewigt hätten. So sei sie für alle Zeiten für die Menschen sichtbar.

Das Haar der Berenike ist seitdem eines unserer Sternbilder. Mir als im Zeichen des Löwen Geborenen gefällt besonders gut, dass das Haar der Berenike in der Antike noch als Bestandteil des Sternbilds Löwe galt: Es verkörperte die Quaste an der Schwanzspitze des Löwen.

Sagen Sie selbst: Ist das nicht die schlüssigste Erklärung auf die Frage, warum alles so kam in meinem Leben, wie es kam? Jedenfalls ist es die schönste.

In *meinem* märchenhaften Leben dreht sich alles um das Haar. Haare haben für jeden Menschen große Bedeutung. Ohne Haare füh-

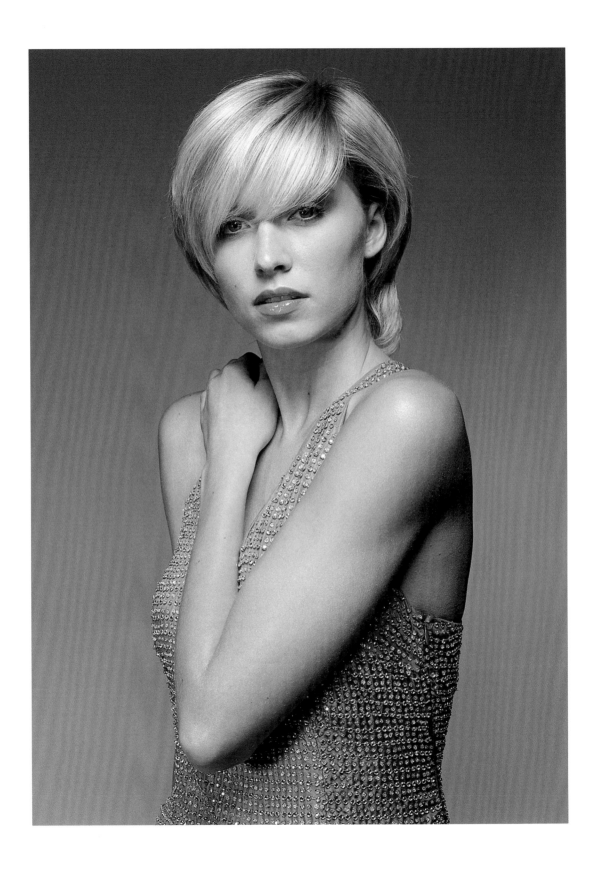

len wir uns nackt. Einem Menschen gewaltsam die Haare abzuschneiden ist eine der größten Demütigungen. Die Kraft und Gesundheit, die wir symbolisch mit Haaren verbinden, findet in der gelungenen Frisur ihre Entsprechung: in einer attraktiven, selbstbewussten Ausstrahlung. Die Haare als Teil des Körpers werden frisiert zu einem Element der Kleidung.

Das ist der Grund, weshalb sich jede Frau bei einem wichtigen Ereignis die Frage stellt: Wann gehe ich zum Friseur? Und es ist die Erklärung, warum eine Frau, die den richtigen Friseur gefunden hat, diesen niemals wechseln wird.

Einer Frau das Haar zu machen ist für mich eine der schönsten, erfüllendsten Tätigkeiten. Hier kommt beides zusammen, die vordergründige, äußere Schönheit und das Innere eines Menschen.

Für mich ist das Gesicht ein offenes Buch, wo sich das, was einen Menschen ausmacht, auf das Einfachste und Natürlichste zeigt. Der intensive Ausdruck einer Porträtaufnahme kommt genau da her. Jedes Gesicht ist eine Welt. Meinen wir einem Menschen nicht ein ganz klein wenig auch in die Seele blicken zu können, wenn wir in sein Gesicht schauen?

Und jetzt stellen Sie sich bitte vor, Ihre Aufgabe wäre es, einem Menschen zu begegnen, der zu Ihnen kommt und der Sie voller Vertrauen bittet, ihm eine neue Frisur zu machen. Sie stehen vor ihm mit Ihrem Wissen, Ihrer Erfahrung, Ihrer Kompetenz, Ihrem Sinn für Ästhetik, Ihrer Leidenschaft. Mit allem, was Sie in diesem Moment zu bieten haben.

Mit der Bereitschaft, jemandes Schönheit zu entdecken.

Für mich gibt es nichts Größeres als dieses Vertrauen. Kaum jemand kommt einem Menschen so nah wie ein Friseur.

Frauen sind die wunderbarsten Geschöpfe. Sie sind die größten Akteure auf unserer Bühne. Ich liebe ihr Spiel.

Und wissen Sie was? Ich habe festgestellt, dass es den großen, trennenden Unterschied zwischen den einfachen, unbekannten Frauen und den Berühmtheiten und Stars nicht gibt. Alle Frauen sind sich viel ähnlicher, als es den Anschein hat. Ziehen Sie die grellen Fotos und die Schlagzeilen in den Hochglanzzeitschriften ab. Schauen Sie genau hin, wenn eine Vierzigjährige, die zwei Kinder großgezogen hat und jetzt wieder halbtags in ihrem Job zu arbeiten beginnt, vor Ihnen steht. Sie werden selbstbewusste und an sich zweifelnde, ironisch über ihr Problemhaar lachende und dankbar auf Unterstützung hoffende, strahlende, spöttische, fröhliche, erschöpfte, glückliche, handfeste Frauen sehen. Frauen, die Unglaubliches leisten, jeden Tag.

Ich habe viele Frauen kennengelernt, das dürfen Sie mir glauben, und ich sage Ihnen: Frauen sind die wunderbarsten Geschöpfe. Leidenschaftlich spielen sie mit ihren Aufgaben, ihren Pflichten, ihren Wünschen. Erfindungsreich geben sie ihrem Gespür Raum, nicht zu viel Harmonie aufkommen zu lassen, sondern sich abzugrenzen. Mit großer Geste womöglich, oder mit Schalk, provozierend oder leise, deshalb nicht weniger scharf. Frauen sind die größten Akteure auf unserer Bühne. Ich liebe ihr Spiel.

Ich habe mir jeden Tag selbst zum Geschenk gemacht, indem ich mein Leben diesen vertrauensvollen Momenten widmete. Ich hätte nichts besser machen können. Ich hätte mir kein schöneres Leben wünschen können.

Als Junge stieß ich bei einem Ausflug mit Mutter und Schwestern inmitten von Weinbergen auf einen merkwürdigen Bau. Er lag an einer Stelle, die erhabener nicht hätte sein können. Auf dem höchsten Punkt eines kleinen Hügels stand ein griechischer Tempel, schlicht und majestätisch. Über eine breite Treppe schritt man zur Eingangstür hoch, die verschlossen war.

Später, während meiner Lehre in Stuttgart, bin ich manchmal mit Freunden an diesen Ort zurückgekehrt. Mich zogen die abgeschiedene Lage und die phänomenale Aussicht an. Anfang des 19. Jahrhunderts hatte König Wilhelm I. für seine jung verstorbene, vom Volk geliebte Gattin Katharina ein Mausoleum errichtet, halb griechischer Tempel, halb italienische Villa. Über den Eingang hatte er das Epitaph gesetzt: »Die Liebe höret nimmer auf.« Blickt man vom Rotenberg in das Tal, sieht man tief unter sich den Neckar dahinströmen, man schaut über Cannstatt und weit über Stuttgart hinaus. Der letzte Strahl der untergehenden Sonne erhellt diesen Ort – einen schöneren Gedenkort kann man seiner Liebe nicht errichten.

Ich merke, wie es mich heute verstärkt in die Landschaft meiner Kindheit zurückzieht. Oft musste ich als kleiner Junge am Wochenende mit der Familie Spaziergänge im Remstal mitmachen, schrecklich langweilige Stunden waren das. Viel lieber saß ich in meinem Zimmer und beschäftigte mich allein. Heute habe ich eine fast innige

Beziehung zu den Dörfern und Hängen und Weinbergen meiner Heimat. Die hügelige – mir fällt kein passenderes Wort ein – liebliche Landschaft hat sich unbewusst tief eingeprägt. Jedes Mal, wenn ich aus Berlin, dieser ja wirklich auf dem platten Land daliegenden Stadt, komme, freue ich mich, die kleinen Sträßchen zwischen den Wiesen und Bäumen fein geschwungen sich dahinziehen zu sehen. Hier bekomme sogar ich Lust, ausnahmsweise einmal wieder ein Stück zu gehen.

Gegenüber dem Tempel auf dem Rotenberg, weit im Westen oberhalb Stuttgarts am Waldrand gelegen, thront Schloss Solitude, ein anderer Ausflugsort meiner Kindheit. Eine schnurgerade Allee zieht

sich von dort bis nach Ludwigsburg zum Schloss Favorite, ein Gartenschloss aus dem 18. Jahrhundert. Solitude, Favorite oder Schlösser wie Hohenheim oder Monrepos sind schmucke Anlagen, die Herzog Carl Eugen großzügig für seine Mätressen und für sich errichten ließ. Ob es diese Bilder sind, die schon früh den Keim meiner Vorliebe für barocke, verspielte Schlossanlagen pflanzten, weiß ich nicht. Bis heute bringen königliche Pracht und herrschaftliche Schlösser in mir etwas zum Klingen.

Carl Eugen war ein mächtiger Mann, verglichen mit Ludwig II. von Bayern aber längst kein so märchenhafter König. Ludwig trieb es auf die Spitze mit seiner Vernarrtheit in Architektur, Musik, Literatur und alle schönen Dinge. Mich fasziniert, was dieser Mann schuf. Bislang ist es nur ein Traum, aber einmal werde ich mir jedes Zimmer, jeden Seitenflügel und jedes Zuckerbäckertürmchen von Schloss Neuschwanstein anschauen, und wenn ich den Schlossherrn dafür bestechen muss.

Am nächsten Tag würde ich an den Bodensee weiterfahren und mich auf einer Bootsfahrt erholen. Als Kind verbrachte ich die Sommerferien in einem Jugendlager der Arbeiterwohlfahrt in Kressbronn. Lindau, der Pfänder über Bregenz, gegenüber am Schweizer Ufer der Säntis – Augen und Seele haben hier alles, was man braucht, um glücklich zu sein.

Mir fällt der Satz meiner Mutter Hilde ein: Genieße deine Jugend, sie ist so schnell vorbei. Ich bin kein Narr, ich weiß, dass ich schon lange nicht mehr jung bin. Aber ich fühle mich noch mittendrin in dem, was man das aktive Leben nennt.

Ich habe nie Urlaub gebraucht. Meine Arbeit hat mich nie gestresst. Das ist auch heute noch so. Ich ruhe in mir. Unruhig werde ich nur, wenn ich nichts zu tun habe. Ich horche in mich hinein, eine Sekunde lang, und weiß, was ich will.

Skeptisch stimmt mich allenfalls, dass ich anfange, mein Zuhause zu genießen. Oder heißt das lediglich, dass ich an einem Punkt angekommen bin in meinem Leben, wo vieles stimmt?

So wie es fünf Jahrzehnte lang stimmte, alles aufzusaugen, was mir begegnete. Bekanntschaften, Freundschaften, Erlebnisse, Spaß, Erfolg, Anerkennung.

Das ist die öffentliche, für alle sichtbare Seite. Der Kopf als Bühne. Meine Lust am Spiel und an der Verwandlung. Mein Leben im Umgang mit Prominenten. Mein eigener Aufstieg. Mein Vergnügen, mich in diesen Kreisen zu bewegen. Meine Dankbarkeit für Tausende unvergesslicher Begegnungen, vor allem auch die ganz »gewöhnlichen«.

Schon vor über zehn Jahren habe ich einmal ausgerechnet, dass es weit über zweihunderttausend Köpfe waren, die ich frisiert habe. Ich würde es alles genauso wieder machen.

Ich habe mich nie verbogen. Ich bin bodenständig geblieben, Schwabe eben, gleichgültig in welchen Kreisen ich mich bewege. Er ist ein Dorffriseur, hat eine Journalistin über mich geschrieben. Sein Dorf ist Deutschland. Das gefällt mir. Ich glaube, ich weiß meinen Status ganz gut einzuschätzen. »Fame is not a real thing«, sagt Julia Roberts in »Notting Hill«, wo sie einen von den Medien gehypten Star spielt. Diese Art von Berühmtheit hat etwas Irreales. Man darf das nicht mit Bedeutung verwechseln.

Blickt man wie ich nach vorn, hilft das Zurückliegende sowieso nur wenig. Und sieht man dauernd zurück, ist man alt. Das Heute und das Morgen interessieren mich. Vor mir liegt so viel: mein Leben mit meinem Partner, über das ich jeden Tag glücklich bin, meine Freundschaften, die vielen ganz engen und die vielen sehr guten, meine Arbeit, die nie zu Ende ist, meine Pläne. Vielleicht werde ich noch einmal einen ganz neuen Salon gründen. Und schon bin ich mitten in einem Thema, das mich beschäftigt, gestern, heute, und das mich morgen beschäftigen wird.

Das Leben ist keine Generalprobe, stand lange auf einem Sticker an meiner Kühlschranktür. Das war und ist so etwas wie mein Lebensmotto. Du erlebst alles nur einmal. Der Moment ist wichtig. Geh hinaus und erlebe etwas. Lebe jetzt. Der Vorhang ist offen.

Eigentlich sind das die Worte von Inge Meysel, als sie auf der Bühne die Maude aus »Harold and Maude« spielt. Harold schenkt ihr einen Ring – Maude ist entzückt. Nachdem sie sich das Stück mit leuchtenden Augen genau angesehen hat, wirft sie es einfach ins Meer.

Der anschließende Satz spricht mir aus der Seele: »Häng dein Herz nicht an Dinge, lebe! Spiel mit, so gut du kannst! Sonst hast du nach dem Spiel in der Umkleidekabine nichts zu erzählen.«

Das Leben ist bunt, und ich bin gern mittendrin dabei.

Das Hippie-Mädchen, die Dame ohne ihren Vierbeiner, die Schöne mit den Federn im Haar –
Ach, Ursula Karven, Dunja Hayali, Barbara Becker, am liebsten würde ich euch immer im Arm halten!

Die Liebe ist ein wilder Vogel
Ein kleines P.S. zum Schluss

Deborah Sasson als Carmen, die die Arie »Habenera« tanzt und singt –
was für ein unvergleichlicher, unvergesslicher Moment an einem
unvergleichlichen, einzigartigen Abend!

Freundinnen und Freunde aus der ganzen Welt, über 150, bereiteten
mir ein Fest, wie ich es noch nicht erlebt habe, und ein paar sind es
schon, bei denen ich dabei war. Sie reisten aus den USA und aus
Singapur an, kamen aus München oder aus Charlottenburg.

Ich verbeuge mich tief und gerührt vor euch, die ihr mir die Ehre zu
meinem Siebzigsten gegeben habt. Vor den Sängerinnen und Sängern,
Deborah Sasson, Dagmar Frederic, Barbara Becker + Collin Rich,
Klaus Hoffmann, vor Patricia Riekel und allen, die rote Rosen auf mich
regnen ließen, vor Sabine Christiansen, Gabi Decker, Kim Fisher –
vor allen, die in der »Bar jeder Vernunft« dabei waren. Küsschen!
Es war eine magische Nacht.

Die Liebe ist ein wilder Vogel,
den kein Mensch je zähmen kann,
ganz umsonst wirst du ihn rufen,
er löst sich stets aus deinem Bann.

... und das Leben ist ein großer Zirkus. Ich bin
froh, dass meins eigentlich nie so ordentlich war.
Aber zum Siebzigsten! Chapeau!

Ich bedanke mich herzlich bei vielen, die mir geholfen haben, dieses Buch fertigzustellen. Ein ganz besonderes Dankeschön geht an Barbara Becker, Sabine Christiansen, GABO, F. C. Gundlach, Ursula Karven, René Koch, Graziela Preiser, Gloria Seifert sowie an das Badrutt's Palace Hotel, St. Moritz, an Vera Kaiser und Klaus Puhlmann.

Bildnachweis:
AKUD/Lars Reimann: S. 249 | Archiv Udo Walz: Fotograf Ali Kepenek – S. 190/191, 192/193, 244, 245; Fotografin Marion Schult – S. 127; Fotograf Axel Strencioch – S. 12 | Badrutt's Palace Hotel, St. Moritz: S. 68 | Peter Bischoff: S. 149 | Brauer Photos © S. Brauer: S. 206 Mitte | Riccardo Desiderio: S. 8 | Deutsches Theatermuseum München, Archiv Ilse Buhs / Jürgen Remmler: S. 146/47 | Brigitte Dummer: S. 11, 208, 219, 222/223, 253 | Kerstin Ehmer-Kraus: S. 37 | GABO: S. 194 | Getty images / Franziska Krug: S. 156, 254, 255 | F. C. Gundlach: S. 14, 21, 76, 77, 78, 104, 106, 108 | Jirka Jansch: S. 137 | Ursula Karven: S. 213 | Ali Kepenek c/o kristinakorb.com: S. 17 | Honza Klein: S. 203 | Tom Maelsa: S. 138 unten | Mike Masoni: S. 150 | Maike Paul: S. 151 | picture-alliance: Arco Images GmbH – S. 111; Berliner Zeitung – S. 158; dpa – S. 141, 170, 182, 186, 206 oben; dpa/dpaweb – S. 196; Herve Champollion/akg-images – S. 119 oben; maxppp – S. 119 unten; SCHROEWIG/Eddie Lange – S. 185; SCHROEWIG/Eva Oertwig – S. 240; ST/NH – S. 40/41, 72; SuccoMedia/Ralf Succo – S. 171; united archives – S. 18; united archives/IFTN – S. 128; Ingo Wagner – S. 115 | Graziela Preiser: S. 84 | Rico Puhlmann: S. 31, 101, 103, 144 | Stefan Maria Rother: S. 246 | Schneider Press Erwin Schneider: S. 202 | Marion Schult: S. 42, 43 | Carsten Thamm-Walz: S. 160 | www.schauhoff.de: S. 236 | Wolfgang Wilde: S. 229 | Jan de Wit: S. 120 | XAMAX Max Schröder: S. 13 | Alle anderen: Archiv Udo Walz